T0055280

BUENA CRISIS

Jordi Pigem

BUENA CRISIS

Hacia un mundo
postmaterialista

editorial Kairós

© Jordi Pigem, 2009

Editorial Kairós, S. A.
Numancia, 117-121, 08029 Barcelona, España
www.editorialkairos.com

Nirvana Libros S.A. de C. V.
3.a Cerrada de Minas, 501-8, CP 01280 México, D.F.
www.nirvanalibros.com.mx

Primera edición: Septiembre 2009
Segunda edición, revisada: Febrero 2010

ISBN: 978-84-7245-729-4
Depósito legal: B-5.620/2010

Fotocomposición: Pacmer, S.A. Alcolea, 106-108, 1.º, 08014 Barcelona
Tipografía: Garamond, cuerpo 12, interlineado 14,6
Impresión y encuadernación: Romanyà-Valls. Verdaguer, 1. 08786 Capellades

A tres maestros, amigos y cómplices:
Francisco Varela (1946-2001)
Vic Mansfield (1941-2008)
Arne Næss (1912-2009)

SUMARIO

NECESARIA LUCIDEZ

Éste es un libro extraordinario, amigo lector. Un libro que está llamado a marcar una inflexión en la conciencia colectiva. Porque su lucidez es necesaria como el aire que respiramos, el agua que nos da la vida o la ternura que nos sostiene. Y no pretendo con esta afirmación realizar un brindis al Sol o una falsa promesa. Siento sinceramente que el trabajo que Jordi Pigem nos regala en estas páginas resume y presenta un nuevo paradigma. No es un libro baladí, porque no es baladí el tema que aborda ni el cómo lo hace su autor. Todo lo contrario. Es una obra contundente, rigurosa e incontestable, por un lado, pero con el estilo de Jordi, siempre amable, sólido, franco y valiente.

Jordi Pigem es un gran amigo, una bella persona, un gran hombre. Alguien con una mentalidad holística, sistémica y humanista impregnada de bondad. Una *rara avis* en los tiempos que corren. Como gran maestro que es, Jordi regala lucidez. Y la lucidez que destilan las páginas siguientes pone sobre la mesa lo más difícil de ver: lo obvio obviado.

Al obviar lo obvio, los humanos entramos en crisis, una crisis de conciencia que se manifiesta en todas las dimensiones de lo real: desde la ecología hasta la economía. La actitud lo es casi todo, y esta crisis en la que nos vemos inmersos podrá ser una buena crisis, una excelente crisis si aprendemos lo que debemos aprender y cambiamos nuestros hábitos con la exigencia que nos imponen las circunstancias actuales y las del futuro inmediato.

Estamos en un momento clave de la historia, en las puertas de la que será probablemente la primera crisis sistémica. Una crisis que necesariamente debía aparecer para que emerja una nueva dimensión del inconsciente colectivo. Por desgracia, los humanos más que por convicción cambiamos por compulsión. Es bien simple: no hay castigos, simplemente hay consecuencias. Es hora de empezar a pagar la factura de la *gran bouffe* que nos hemos dado.

La mentalidad psicopática se ha larvado en la especie humana. El psicópata, carente del desarrollo psico-afectivo necesario, contempla el mundo y a los demás como objetos para su complacencia. Incapaz de experimentar la alteridad, el auto-cuestionamiento siempre necesario, la imprescindible responsabilidad. Carente además de visión a largo plazo ni visión sistémica, se ampara en los "efectos colaterales" o la "culpa del otro" y drena todo cuanto le rodea intentando llenar la excitación que camufla su profunda tristeza y vacío existencial. Así, depreda física, económica y emocionalmente su entorno hasta la extenuación y, eventualmente, la autodestrucción.

Necesitamos cambiar la mentalidad actual del depredador y volver a la del jardinero. Necesitamos que la responsabilidad no sólo sea una palabra sino un hábito. Necesitamos humanizar la humanidad, empezando por nosotros mismos. Que el alma de las cosas vuelva a ser una realidad y no una conjetura. Que lo sistémico sea realmente integrado por las futuras generaciones, y que el postmaterialismo al que se refiere Jordi, entre tantos otros conceptos brillantes, sea una realidad para que la especie pueda seguir su camino sobre la bella Tierra en el futuro.

El cáncer todo lo devora, pero el único órgano del cuerpo humano con el que no puede es con el corazón. Desde él nace la vida, y es también símbolo del afecto, del amor, de la compasión, de la ternura, del deseo de cuidar. Porque amar es cuidar. Hay algo en nuestro pecho que mantiene a raya la pulsión de muerte que el cáncer alberga, su crecimiento incontrolado y brutal, su necesidad de multiplicación desordenada que acaba destruyendo el cuerpo que lo nutre y ampara. Curiosa metáfora que por analogía deberíamos desplazar a la especie humana. ¿Queremos ser cáncer, o queremos encarnar el amor y la conciencia? Estos dos últimos son quizás el tratamiento; lucidez y verdad, compasión y humildad, perdón y voluntad. Ojalá no se queden en palabras.

Jordi nos da pistas no sólo de cuál es el problema, sino de dónde están las soluciones y de qué podemos hacer. Y nos da decenas, cientos de ellas, desde todas las perspectivas: historia, ciencia, arte, psicología... Nada deja sin explorar nuestro amigo-maestro.

Gracias, querido Jordi, por brindarme el prólogo de esta gran obra. Las sincronicidades son evidentes, y quiso la vida que coincidiéramos en la necesidad de escribir un libro que abordara la revolución de la conciencia que supone una "buena crisis" y la necesidad de reinventarnos a nosotros mismos, como individuos y como especie ante las circunstancias actuales. Tu escribiste el prólogo del mío. Aquí tienes estas palabras. Los libros se gestaron en paralelo y en paralelo nacerán. Es un bellísimo encuentro. Ojalá podamos aportar nuestro granito de arena a que ésta y las que están por venir sean "buenas crisis".

Amigos lectores, lean este libro, por favor. Compártanlo, bríndenlo. Harán bien. Mucho bien. Porque este libro cura, desvela, y revela. Los artículos y libros de Jordi no dejan indiferentes. Sorprenden, conmueven, apabullan incluso. Contienen, quizás, demasiada luz. Pero la necesitamos. Necesitamos hoy más que nunca la luz que este libro brinda. Gracias, Jordi, por ello.

ÁLEX ROVIRA

BUENA CRISIS

Crisis viene del griego *krinein* (decidir, distinguir, escoger), raíz también de *crítica* y *criterio*. Durante las crisis resulta decisivo saber usar nuestro mejor criterio. *Krisis* (κρίσις) es la palabra que usaba Hipócrates para señalar el momento decisivo en el curso de una enfermedad, cuando la situación súbitamente mejora o empeora. Esta acepción médica es el único sentido que *crisis* tuvo en latín y en la mayoría de lenguas europeas hasta principios del siglo XVII, y sigue siendo el primero que da el Diccionario de la Real Academia Española (el sentido político de *crisis* surge después, al aplicar metafóricamente al cuerpo social lo que era propio del cuerpo humano).

Durante siglos se ha hablado con toda naturalidad de la *buena crisis* o la *happy crisis* que conduce a la curación del enfermo. En su sentido original una crisis es una oportunidad de curación. En nuestro caso el enfermo es el sistema: nuestra crisis global es, por tanto, una oportunidad de sanar un sistema obsoleto, cuyas patologías hasta ahora habían quedado enmascaradas por la bonanza económica y los espejismos del consumo.

Los años venideros están llamados a ser un rito de paso para la humanidad y la Tierra, un tiempo crucial en el largo caminar de la evolución humana. Podemos imaginar que participaremos en transformaciones radicales y muy diversas, en amaneceres sorprendentes y crepúsculos intensos, y que el colapso de las estructuras materiales e ideológicas con las que habíamos intentado dominar el mundo abrirá espacios para la aparición de nuevas formas de plenitud.

En este rito de paso del final de la modernidad una mala crisis nos conduciría a extender la sed de control, la colonización de la naturaleza y de los demás y nuestro propio desarraigo. Una buena crisis, en cambio, nos conducirá a un mundo postmaterialista, en el que una economía reintegrada en los ciclos naturales esté al servicio de las personas y de la sociedad, en el que la existencia gire en torno al crear y celebrar en vez del competir y consumir, y en el que la conciencia humana no se vea como un epifenómeno de un mundo inerte, sino como un atributo esencial de una realidad viva e inteligente en la que participamos a fondo. Si en nuestro rito de paso conseguimos avanzar hacia una sociedad más sana, sabia y ecológica y hacia un mundo más lleno de sentido, habremos vivido una buena crisis.

Buena crisis y buena suerte.

HAPPY CRISIS

Las palabras que hablan a través de nosotros a veces dicen cosas que no sabíamos.

Cuando *crisis* era exclusivamente un término médico no tenía nada de paradójico hablar de una "crisis feliz". El *Oxford English Dictionary (OED)*, en su edición más actual, recoge expresiones como *happy crisis* (crisis feliz) y *favourable crisis* (crisis favorable) en el contexto de procesos terapéuticos: «Then shall the sicke... by the vertue and power of a happy Crisis, saile forth into the hauen of health» (James Hart, *The anatomie of urines*, 1625); «When he found I had enjoyed a favourable crisis, he congratulated me» (Tobias Smollett, *The adventures of Roderick Random*, 1748). El significado original de *crisis* en inglés es definido por el *OED* como: «The point in the progress of a disease when an important development or change takes place which is decisive of recovery or death; the turning point of a disease for better or worse; also applied to any marked or sudden variation occurring in the progress of a disease and to the phenomena accompanying it». ▶

El *Diccionario de la Real Academia Española*, en su vigésima segunda edición (2001), da como primer significado de *crisis* «cambio brusco en el curso de una enfermedad, ya sea para mejorarse, ya para agravarse el paciente». En su segunda edición (1783) daba la acepción médica del término y en la edición de 1884 extendía su significado a cuestiones no médicas. El *Diccionario crítico etimológico castellano e hispánico* añade que en el siglo XIX «Baralt vitupera como galicismo crisis ministerial. Es probable, en efecto, que las acepciones figuradas y no médicas se importaran del extranjero, pues en francés e inglés se hallan ya a principios del siglo XVII».

El *Dictionnaire étymologique & historique du français* de Larousse indica que *crisis* (en la forma *crisin*) aparece como término médico en el siglo XIV y que «il a pris un sens figuré au XVIIᵉ siècle, un sens politique au XVIIIᵉ siècle». Por influencia del francés se da el mismo proceso en otras lenguas europeas como el alemán.

Como indica Joan Coromines en su monumental *Diccionari etimològic i complementari de la llengua catalana*, hay ejemplos de la expresión «buena crisis» en sentido médico en el *Gazophylacium Catalano-Latinum* publicado en Barcelona en 1696: «crisa bona», «lo malalt ha tingut una bona crisa». Nuestro enfermo sistema requiere ahora una buena crisis.

PARTE I:

DE LA CRISIS
A LA TRANSFORMACIÓN

1. HACIA UNA BUENA CRISIS

La resistencia a nuevas ideas es proporcional
al cuadrado de su importancia.

BERTRAND RUSSELL

1

LA BURBUJA COGNITIVA

Imaginemos que mañana a mediodía se produjera
un eclipse de Sol que nadie había previsto. No bas-
taría con dar un tirón de orejas a los profesionales
de la astronomía. Sería evidente que la teoría astronómica requiere un cambio de paradigma, como el
que en su día introdujeron Copérnico, Kepler y Galileo en la cosmología medieval. En vez de remendar
la vieja teoría astronómica con más epiciclos, defe-
rentes y excéntricas, habría que transformarla por
completo.

En 1989 se dijo que todos los politólogos ten-
drían que dimitir por no haber previsto ninguno la
inminente caída del muro de Berlín. También se ha
dicho ahora que los grandes profesionales de la economía deberían dimitir por no haber previsto la mag-

nitud de la crisis global en la que hemos entrado. Aparte de Nouriel Roubini (tachado de excéntrico y apocalíptico) ningún economista convencional la vio venir a tiempo. Lo reconoce incluso Paul Krugman, el Nobel de Economía de 2008. No menos grave que la crisis del sistema económico es el colapso de las teorías económicas convencionales, que se han visto completamente desbordadas por la realidad. Los dioses que adorábamos resultaron ser falsos. Aunque nos empeñemos, por inercia, en seguir dando crédito a los mismos métodos y a los mismos expertos.

Un periodista del *Corriere della sera*, Federico Fubini, hizo en el encuentro de Davos de 2008 una encuesta a directores de bancos centrales y otras figuras clave del sistema financiero global. Les preguntó si creen que han hecho algo a lo largo de su vida «que pueda haber contribuido, aunque sea mínimamente, a la crisis financiera». No, respondió sin titubeos el 63,5 %. David Rubinstein, cofundador y director ejecutivo del Carlyle Group, comentó irónicamente: «Creí que el cien por cien dirían que no tienen nada que ver». Al fin y al cabo, es habitual que quienes se aferran a un paradigma obsoleto no se den cuenta de su propia responsabilidad o de lo que hay ante sus ojos. Tampoco los teólogos de hace cuatro siglos veían nada cuando miraban a través del telescopio de Galileo.

Hay una burbuja mucho más antigua y mucho

mayor que la burbuja financiera y que la burbuja inmobiliaria. Es la burbuja cognitiva: la burbuja en la que flota la visión economicista del mundo; la creencia en la economía como un sistema puramente cuantificable, abstracto y autosuficiente, independiente tanto de la biosfera que la alberga como de las inquietudes humanas que la nutren. En este sentido, la crisis del sistema económico tiene su origen en una crisis de percepción. La solución a la crisis económica no puede ser sólo económica.

2

UNA ECONOMÍA
COMO SI LA GENTE IMPORTARA

Hoy se habla de volver a Keynes. Pero John Maynard Keynes, acaso el economista más importante del siglo xx, ya criticaba hace tres generaciones que todo se reduzca a valores económicos: «Destrozamos la belleza de los campos porque los esplendores no explotados de la naturaleza no tienen valor "económico". Seríamos capaces de apagar el Sol y las estrellas porque no nos dan dividendos». En sus últimos años Keynes señaló a un joven economista alemán como el más indicado para continuar su legado. Se trataba de E.F. Schumacher, que en los años setenta publicaría un libro de referencia de la economía ecológica, *Lo pequeño es hermoso*, en el que criticaba la obsesión moderna por el gigantismo y la aceleración y proponía algo insólito: «una economía como si la gente tuviera importancia». Schumacher sabía que las teorías económicas se basan en una determinada visión del mundo y de la naturaleza humana. Y todavía hoy, en el siglo XXI, pese a la física cuántica y la psicología transpersonal, la economía imperante se basa en una ontología decimonónica: ve el mundo como una suma aleatoria de objetos inertes y cuantificables, es reduccionista y fragmentadora y tiende a oponer a los seres humanos entre sí y contra la naturaleza. Schumacher ya diagnosticó en 1973 que «la economía moderna se mueve por una locura de ambición insaciable y se recrea en una orgía de envidia, y ello da lugar precisamente a su éxito expansionista», y añadió que la humanidad «es demasiado inteligente para ser capaz de sobrevivir sin sabiduría».

No pocos bioeconomistas y economistas ecológicos, conscientes de que el crecimiento económico se había convertido en una carrera contra la geología, contra la biosfera y contra el sentido común, veían venir esta crisis desde que se aceleró la globalización. Otros parecen haberla intuido mucho antes. El economista suizo Hans Christoph Binswanger analizó en *Dinero y magia* la segunda parte del *Fausto* de Goethe como una crítica premonitoria de la fáustica economía moderna. El dinero (nuestro símbolo favorito de inmortalidad) se vuelve adictivo y el individuo entrega su alma por él. En el cuarto acto Fausto define así su deseo más profundo: «¡Obtendré posesiones y riquezas!» (y anticipando nuestra sociedad hiperactiva añade: «La acción lo es todo»). La alquimia ha sido sustituida por la especulación financiera: se trata de crear oro artificial que a partir de la nada pueda multiplicarse sin límites. Más del 98% de las transacciones monetarias que se efectúan hoy en el mundo no corresponden a la economía real, sino a dinero ávido de beneficios a corto plazo que circula por mundos abstractos, desligado de bienes reales y de criterios éticos, sociales o ecológicos.

3

Rito de paso

En una crisis todo queda abierto. Es como un viaje por los espacios que analiza la teoría del caos, en los que una pequeña fluctuación puede dar lugar a desarrollos sorprendentes y duraderos. Por ello nuestras acciones en tiempos de crisis pueden tener mucha mayor repercusión que en tiempos de estabilidad. Lo único que está claro es que las cosas no seguirán igual. Como afirma Edgar Morin en un texto reciente, «antes de que se produzca una transformación, antes de la aparición de un nuevo sistema, no puede concebirse ni definirse». O como decía Heráclito hace veinticinco siglos: «quien no espera lo inesperado no lo encontrará, pues es inescrutable y no hay caminos que lleven allí».

Hasta ayer, el crecimiento económico y material parecía no tener límites. El progreso, creíamos, nunca dejaría de acelerarse y nos brindaría siempre más prosperidad y fraternidad. Pero hoy sabemos que nuestro rumbo no es sostenible en el ámbito económico, energético, ecológico o psicológico. Mientras la economía crecía podíamos ignorar el incremento de las desigualdades y el deterioro ecológico, o soñar que serían compensados por la bonanza económica. Ahora ya no. La burbuja cognitiva empieza a desvanecerse: el mundo real existe y llama con fuerza a nuestras puertas, por ejemplo en forma de cambio climático y escasez de materias primas. Las crisis interrelacionadas del mundo de hoy nos sitúan, a escala planetaria y a escala personal, ante un rito de paso sin precedentes.

Los ritos de paso marcaban en muchas sociedades tradicionales el cruce del umbral entre la adolescencia y la madurez. A nuestra sociedad ahora le toca cruzar ese umbral. El mundo contemporáneo tiene mucho de rebelión e hiperactividad adolescentes: rebelión contra la biosfera que nos sustenta y contra un cosmos en el que nos sentimos como extraños, hiperactividad en el consumismo y en la aceleración que nos lleva a posponer la plenitud a un futuro que nunca llega. La crisis como rito de paso nos desafía a alcanzar una madurez sostenible y serena que redescubra el regalo de la existencia en el aquí y ahora.

2. MIL BARRILES POR SEGUNDO

> *El colapso económico y ecológico tienen la misma causa: el libre mercado sin regulación y la idea de que la codicia es buena y de que el mundo natural es un recurso para el enriquecimiento privado a corto plazo. El resultado son activos tóxicos y una atmosfera tóxica.*
>
> GEORGE LAKOFF

4

HUMANO/URBANO

La especie *homo sapiens* se ha mudado a un nuevo hábitat. Desde 2008, por primera vez en la historia, más de la mitad de la población mundial habita en ciudades. El género humano ha pasado a ser mayoritariamente género urbano, *homo urbanus*. Hablar de mutación parece exagerado. Pero lo cierto es que en trescientas generaciones hemos pasado de un mundo con miles de culturas y ninguna ciudad –sólo poblados apenas distinguibles de su entorno– a un mundo con cada vez más ciudades y menos lenguas

y culturas. Los 25 millones de ciudadanos de principios del siglo XIX cabrían hoy de sobra en la aglome-
ración urbana de Tokio. Megaciudades del siglo XXI
como Nueva York y Los Ángeles, Bombay y Calcuta,
São Paulo y Shanghai son algo insólito en la historia
de la Tierra, inimaginables no sólo para el pastor y
el campesino, sino también para el ciudadano de la
polis griega, de Pataliputra o del Pekín imperial.

La ciudad era hasta ahora el modelo de todo lo
civilizado y metáfora de las mejores esperanzas y
utopías: *La ciudad de Dios* (Agustín), *La ciudad del
Sol* (Campanella). Pensadores tan diversos como Só-
crates, Kant, Marx y Spengler no hallaron nada digno
de atención fuera de los límites de la ciudad. Otros
le han visto un lado oscuro. «La ciudad es la repeti-
ción de la caverna con otros medios», escribe Hans
Blumenberg en *Salidas de la caverna*. Un psiquia-
tra francés denunciaba en 1819 que «las ciudades
de cuatrocientos o quinientos mil habitantes son
desviaciones de la naturaleza». También en 1819 el
poeta Shelley comparaba Londres, *a populous and
smoky city*, directamente con el infierno. Doscientos
años después, no es lugar para ángeles el Los Ángeles de 2019 en el que transcurre *Blade Runner*, un
mundo sin rastro de luz natural o vida rural y donde
lo único que queda de la naturaleza es la lluvia con-
tinua acarreada por el cambio climático. Es notable
la capacidad de prever el futuro de aquella película
de 1982 (y de la novela en la que se basa, *¿Sueñan*

los androides con ovejas eléctricas?): la arquitectura futurista y la densidad humana de *Blade Runner* empiezan a asomar ya hoy en megaciudades asiáticas como Tokio o Seúl.

Los antiguos trazaban ritualmente los límites de cada nueva ciudad con el arado, que debió ser la primera herramienta de diseño urbano (*urbem designat aratro*, escribe Virgilio de Eneas). Mucho han crecido las ciudades desde entonces, y hoy saben tan poco de límites como de arados. Lo humano es etimológicamente *humus*, tierra viva y fértil, cada vez más pavimentada. Históricamente el lenguaje se ha nutrido de un sustrato de metáforas agrícolas y rurales: hablamos de *cosechar frutos*, de *sembrar* esperanzas o de la *raíz* de un asunto. La imaginación tecnourbana, en cambio, quiere *ponerse las pilas*, *desconectar* y *cambiar el chip*.

En 1900 sólo el 10% de la población mundial era población urbana. En 1950 la proporción llegaba al 29%, en 2000 al 46,6% y en 2008 se cruzó el umbral que deja a lo rural en minoría. Pero la ciudad sólo tiene sentido en relación a un *Hinterland* rural que la provee de agua, alimentos, materias primas y energía. Occidente se urbanizó a costa de exportar ese *Hinterland* rural a los campos y minas de las colonias. No todo el orbe puede ser urbe. ¿Hasta dónde es sostenible la urbanización de la humanidad?

Otro récord contemporáneo: en 2007 la población de las *favelas*, *bidonvilles* y *slums* alcanzó los mil millones de personas. Por cada Manhattan y Chelsea hay cientos de barrios de miseria. Más del 40% de los habitantes urbanos de los países del Sur duermen en chabolas, sin un mínimo de servicios básicos y de seguridad, en asentamientos informales en laderas empinadas (como las favelas de Río de Janeiro, acosadas por los deslizamientos de tierras y el narcotráfico), construidas en vertederos (como en Manila) o en terrenos sujetos a inundaciones (como en Yakarta). El nuevo hábitat es la urbe de asfalto y acero, de cemento y ladrillo –o de chatarra, tablones y uralita.

A medida que las ciudades crecen también se vuelven más parecidas unas a otras: los mismos centros comerciales, vehículos, estilos arquitectónicos. El carácter único de cada lugar, el *genius loci*, tiende a ocultarse cuanto más se elevan los rascacielos. Se pierde también el arraigo en un cosmos más amplio: las pautas vitales no vienen ya marcadas por el ascenso y el ocaso de los astros, sino por el ritmo de los semáforos y los horarios de apertura. Las formas premodernas de medir el tiempo tenían en cuenta los ritmos locales y la distinta duración del día y la noche según la estación (largas eran las horas de los días de verano y las noches de invierno, cortas las de los días de invierno y las noches estivales). Las horas uniformes del reloj mecánico (la máquina clave del mundo moderno, según Lewis Mumford) se inventaron en el siglo XIII, cuando las ciudades europeas empezaban a exigir una rutina metódica. Desde entonces, la urbanización ha crecido a la par que la lógica de lo abstracto y mecánico. Las luces de la ciudad eran las luces del progreso.

Pero las ciudades, más allá del cemento y el reloj, están hechas de deseos y miedos, de sueños y creatividad. Las ciudades son asambleas en las que a diario, con su concentración de energía y aspiraciones humanas, emergen las leyes no escritas que rigen la *polis* y la política. Antes de estar representados en el Parlamento, los ciudadanos estamos directamente representados por el tipo de ciudad en la que paseamos y parlamentamos.

5

El final de la fiesta fósil

Muchos de los nacidos en el siglo pasado hemos disfrutado de un nivel de riqueza material sin precedentes. Pero esta abundancia material, que se suponía que iba a crecer indefinidamente, no está garantizada e incluso podría empezar a declinar. Tal vez para ser sustituida por formas de riqueza y plenitud postmaterialistas, no basadas en lo material y lo tangible.

El plástico y la aceleración, emblemas de la sociedad contemporánea, son ambos hijos del petróleo. El versátil petróleo es el fluido vital de nuestro metabolismo económico: está presente en miles de productos de uso cotidiano, alimenta a la mayoría de nuestros transportes y riega las venas del consumismo y del usar-y-tirar. Ninguna otra sustancia condensa mejor lo que ha sido nuestra cultura en los últimos cien años. Y no por mucho más tiempo. Porque tras la crisis económica asoma la crisis energética.

El petróleo empezó a desplazar al carbón en los buques de la Royal Navy en 1910, su extracción se disparó tras la Segunda Guerra Mundial y en los años setenta dio el primer aviso. A nivel mundial el descubrimiento de nuevos pozos empezó a declinar en 1964 y desde 1979 la extracción de petróleo per cápita no ha dejado de disminuir. (Extracción, que no producción: la producción de petróleo no la hace ninguna compañía sino la Tierra, y a un ritmo para nosotros lentísimo.) Hemos usado ya la mitad de las reservas de petróleo que la Tierra albergaba –pero la mitad que queda es la menos accesible: a menudo en ecosistemas muy sensibles, o en condiciones en las que a veces haría falta más energía para extraer el crudo que la que éste pudiera aportar.

El hecho de que bajo las tierras de Norteamérica había grandes reservas de petróleo contribuyó a convertir a Estados Unidos en una gran potencia. Desde la segunda mitad del siglo XIX en su suelo se han perforado más pozos que en todo el resto del mundo. Estados Unidos fue el primer gran exportador mundial de petróleo –y de este regalo de la naturaleza nació en buena parte la *American way of life*. Pero el descubrimiento de nuevos pozos de petróleo en Estados Unidos empezó a declinar en los años treinta y desde 1971 manan cada vez menos. Este declive, junto con el despilfarro de sus recursos, ha hecho que Estados Unidos pasara de ser el país más rico al país más endeudado del mundo. Un documento de la CIA, desclasificado en 2001, preveía ya en 1977 una grave crisis en la Unión Soviética poco después de que la extracción soviética de petróleo llegara a su techo, que la CIA estimaba «como muy tarde a principios de los años ochenta». La CIA se equivocó en unos pocos años pero acertó en su análisis: la extracción de petróleo soviética tocó techo en 1987 (12,6 millones de barriles al día) y dos años después la economía soviética empezó a desplomarse, arrastrando a su gobierno.

La convicción de que siempre tendríamos fuentes baratas y abundantes de energía fósil está en la base de la fe en el crecimiento económico ilimitado –y de la confiada dinámica de endeudamiento de los sistemas financieros. La crisis económica iniciada en 2008 se ha atribuido casi exclusivamente a la especulación financiera e inmobiliaria. En un nivel más profundo, sin embargo, su raíz es la colisión de la sociedad industrial, materialista y consumista contra los límites físicos de la realidad. Dicha colisión ya ha-

bía sido pronosticada en el famoso informe al Club
de Roma sobre los *Límites del crecimiento* (*Limits to
Growth*, 1972), que fue ridiculizado durante décadas
por quienes se consideraban realistas, pero cuya
esencia se está revelando tremendamente cierta: el
crecimiento económico ilimitado es insostenible y
tarde o temprano había de chocar contra los límites
del planeta. Esta colisión, aparte de desequilibrar el
clima y erosionar la biodiversidad, también se manifiesta en el encarecimiento del petróleo y otras materias primas básicas. Ello ha contribuido a que la
economía mundial se haya visto empujada a seguir
creciendo por vías cada vez más especulativas, in-
sostenibles e insensatas, desembocando en la crisis
actual. La escalada del precio del petróleo en 2008
dejó tocada la economía global antes de la quiebra de
Lehman Brothers. El geólogo Colin Campbell, una
de las figuras más sobresalientes en el estudio del
techo de la extracción de petróleo (*peak oil* en inglés), ya preveía en 2005 que «el declive del petróleo, dictado por la naturaleza... podría muy bien conducir a una segunda gran depresión».

Aunque un automóvil funciona perfectamente
con el depósito casi vacío, la economía mundial no
puede funcionar con poco petróleo. En este aspecto el metabolismo económico se asemeja a un organismo: una leve carencia de un fluido vital puede
desencadenar consecuencias imprevisibles. Tal vez
la cultura del petróleo habrá sido tan imponente, con-

taminante y frágil como el buque insignia de la mentalidad industrial, el *Titanic* (que todavía devoraba carbón), de cuya breve singladura hará cien años en 2012.

Burn up, trepidante *thriller* de la BBC que tiene mucho de documental sobre petróleo, cambio climático y negociaciones internacionales, arranca con un grupo de geólogos descubriendo accidentalmente algo que se sospecha desde hace tiempo: que las reservas de petróleo declaradas por el primer exportador mundial, Arabia Saudí, estaban descaradamente infladas. La ambigüedad en lo relativo a las reservas de petróleo genera pronósticos dispares sobre cuándo el precio de petróleo volverá al nivel de los 146 dólares por barril del 11 de julio de 2008. Pero nadie duda que la era del petróleo barato (por debajo de los 30 dólares por barril) pertenece ya al pasado.

Durante un breve periodo en el verano de 2008, la extracción global de petróleo superó la vertiginosa cifra de 1.000 barriles por segundo (86,4 millones de barriles al día). Es posible que ya no volvamos a cruzar ese umbral. Expertos como Richard Heinberg consideran que el verano de 2008 marcó el techo de la extracción mundial de petróleo y que pronto (antes de que los niños que empiezan primaria tengan edad de conducir) no habrá el petróleo necesario para seguir nutriendo nuestro nivel de consumo. Aunque la vertiginosa alza y caída del precio del petróleo en 2008 estuvo ligada a la especulación en el mercado

de futuros, dicha especulación no hizo más que mag-
nificar el hecho de que el petróleo había comenzado
a percibirse como un bien escaso. Desde 2005 la demanda mundial de petróleo no dejaba de crecer (debido en buena parte al aumento de la demanda en China) y sin embargo la extracción se había quedado
estancada: la extracción media global fue en 2005
de 979 barriles por segundo (b/s), en 2006 de 978 y
en 2007 de 977. En julio de 2008 alcanzó el récord de
1.002 b/s, en agosto cayó a 988 y en mayo de 2009
estaba en 969. Heinberg ha propuesto recordar el
11 de julio de 2008 como *Peak Oil Day*.

No parece haber alternativas energéticas suficientemente viables a gran escala para mantener
nuestro nivel de consumo. La energía nuclear es tan
problemática en lo ético como en lo económico (por
ejemplo, no hay en el mundo compañía de seguros
dispuesta a cubrir la responsabilidad civil de una
central nuclear). La reconversión del sistema energético, aunque se oriente hacia energías limpias, reno-
vables y seguras, requiere un enorme excedente de
petróleo. Y la economía del hidrógeno sigue siendo
una utopía (apenas existe en la Tierra en estado libre, producirlo requiere más energía de la que genera, y cuando se comprime es altamente explosivo).

La abundancia de combustibles fósiles hizo posible el materialismo de la sociedad de consumo. Los
historiadores del futuro probablemente describirán
este periodo como un episodio de embriaguez co-

lectiva –un episodio breve en términos históricos: sólo habrá durado, según el lugar, unos pocos años o unas pocas generaciones. ¿Qué ocurre cuando empieza a disiparse la materia fósil que alimentaba nuestro materialismo? He ahí todo un reto para la imaginación humana: ¿cómo diseñar, en menos de una generación, una sociedad que no dependa del petróleo y que nos permita vivir mejor con menos?

6

Relocalizar

El comercio intercontinental existe desde mucho antes de Marco Polo. Hace tres milenios el Mediterráneo contaba con docenas de puertos comerciales fenicios y griegos, y de esa actividad comercial deriva el nombre de la primera ciudad griega al sur de los Pirineos: *Emporion* (hoy Empúries), es decir, emporio, lugar de gran intercambio comercial. Durante siglos, el comercio a larga distancia estuvo basado en el intercambio de bienes que la naturaleza no permitía producir a nivel local. Pero la economía globalizada de finales del siglo xx y principios del xxi es otra cosa, movida no por la necesidad de intercambio sino por la codicia, a veces para importar prácticamente lo mismo que se exporta.

Según datos recogidos por la New Economics

Foundation, en 2004 el Reino Unido importó de Alemania 1,5 millones de kilos de patatas, a la vez que exportó a Alemania precisamente también 1,5 millones de kilos de patatas. Importó de Francia 10,2 millones de kilos de leche y nata –y exportó a Francia 9,9 millones de kilos de leche y nata. En ese mismo año el Reino Unido importó 17,2 millones de kilos de galletas recubiertas de chocolate –y exportó 17,6 millones de kilos del mismo tipo de galletas. Importó cerveza por valor de 310 millones de libras esterlinas, y exportó cerveza por valor de 313 millones de libras. El Reino Unido en 2004 también importó 44.000 toneladas de porciones de pollo deshuesado y congelado, a la vez que exportaba 51.000 toneladas de porciones de pollo deshuesado y congelado. Cinco años antes, en el trágico accidente en el túnel del Mont Blanc coincidieron camiones que transportaban agua embotellada de Italia a Francia y camiones que transportaban agua embotellada de Francia a Italia. Estos datos pueden ser buenos para el comercio, pero no lo son necesariamente para las personas ni, desde luego, para el planeta.

La agricultura y la ganadería industriales, con su uso intensivo de combustibles y productos químicos, contaminan aguas, tierras y aires; cuando además sus productos son transportados alrededor del globo, la industria alimentaria se convierte en una causa importante del cambio climático. No tiene sentido quemar combustibles fósiles, emitiendo toneladas de contaminantes que afectan a la salud y alteran el clima, para impulsar la noria de un comercio fútil que responde a los dictados de los subsidios y la especulación más que a las verdaderas necesidades de las personas y el planeta. Un mundo sostenible deberá basarse en la producción ecológica y local de alimentos, materiales y energía, en vez de importar a gran escala bienes que pueden producirse a nivel local. Como decía Gandhi, «en el mundo hay suficiente para las necesidades de todos, pero no hay suficiente para la codicia de nadie».

Para devolver la sensatez a la economía hará falta un cambio de mentalidad. Bienvenidos al postmaterialismo.

3. LA HORA DEL DECRECIMIENTO

*Por lo visto, por todas partes en el mundo
"desarrollado" las comunidades humanas
y sus soportes naturales y culturales están
siendo destruidos, no por desastres naturales o intervención divina o por una in-
vasión de fuerzas enemigas, sino por una
forma de vandalismo legalizado que se
denomina "la economía".*

WENDELL BERRY

7

LA ECONOMÍA,
FILIAL DE LA BIOSFERA

Como Karl Polanyi explicó en *La gran transformación*, es cosa inaudita que toda una cultura esté sometida al imperio de lo económico, en vez de ser la
economía, como lo fue en todos los lugares y épocas hasta no hace mucho, un área ceñida a conside-
raciones éticas, sociales y culturales. Por arte de magia, hemos insertado la sociedad en la economía en
vez de la economía en la sociedad. Aunque se cree

por encima de todas las cosas, la economía global es sólo una filial de la biosfera, sin la cual no tendría ni aire ni agua ni vida.

En otras culturas, el propósito último de la existencia humana era honrar a Dios o a los dioses, o fluir en armonía con la naturaleza, o vivir en paz, libres de las ataduras que nos impiden ser felices. En nuestra sociedad, el propósito último es que crezca el producto interior bruto y que siga creciendo. En esta huida hacia delante se sacrifica todo lo demás, incluido el sentido de lo divino, el respeto por la naturaleza y la paz interior (y la exterior si hace falta petróleo). La economía contemporánea es la primera religión verdaderamente universal. El *ora et labora* dejó paso a otra forma de ganarse el paraíso: producir y consumir. Como ha señalado David Loy, la ciencia económica «no es tanto una ciencia como la teología de esta nueva religión». Una religión

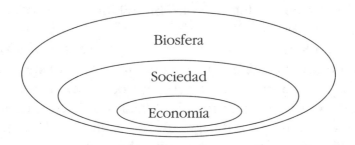

Figura 1. La economía es parte de la sociedad, que a su vez es parte del conjunto de los sistemas vivos de la Tierra.

que tiene mucho de opio del pueblo (Marx), mentira que ataca a la vida (Nietzsche) e ilusión infantil (Freud). Una forma de autoengaño que ahora nos pasa factura.

8

LA SOCIEDAD HIPERACTIVA

Entre los años 2000 y 2004, según el *New York Times*, el porcentaje de niños estadounidenses que toman fármacos para paliar el trastorno de déficit de atención e hiperactividad creció del 2,8 al 4,4%. También en Europa es el trastorno infantil con mayor incidencia. No hay noticia de la hiperactividad en toda la literatura clásica (como no sea en el mito de Hércules, que proeza tras proeza avanza hacia la locura y la autodestrucción). Es una enfermedad contemporánea. Y refleja muy bien la sociedad contemporánea: una sociedad hiperacelerada, insaciablemente ávida de noticias y novedades, y sometida a tal avalancha de información, anuncios, estímulos y distracciones que la capacidad de atención se aturde y se encoge. Cuantos más reclamos por minuto, menos capacidad de concentración. Las noticias muestran un drama en Bagdad o en una patera, y antes de que uno tenga tiempo de asimilar la magnitud de la tragedia se pasa a la actualidad deportiva o a una falsa promesa publicitaria. ¿Sorprende que los niños, creciendo en el seno de una sociedad hiperactiva y con déficit de atención, reproduzcan las tendencias que ven a su alrededor?

La economía contemporánea vive de crecer. Pero nada crece siempre. Las personas, por ejemplo, crecemos en la infancia y en la adolescencia. Después ya no crecemos, pero tenemos la oportunidad de madurar. El consumo ilimitado y la hiperactividad de la especulación inmobiliaria tienen mucho de adolescente. Parece que a nuestra sociedad le ha llegado la hora de dejar atrás el crecimiento adolescente y empezar a madurar.

El mundo se ha convertido en un gran taller, que produce para que podamos consumir a fin de que podamos seguir produciendo. Pero el nivel de consumo "normal" en un país como el nuestro es ya insostenible. El indicador más fiable de sostenibilidad es la llamada "huella ecológica": la extensión de tierra requerida para proporcionar los bienes que consume una persona (incluyendo la superficie vegetal requerida para absorber sus emisiones de CO_2). Se calcula que en condiciones sostenibles el espacio bioproductivo que cada uno de nosotros requiere no debería superar las 2,1 hectáreas por persona (o 1,7 hectáreas si dejamos libre un 20% de la Tierra para el uso y disfrute de las demás especies). Pero el nivel medio de consumo de Argentina ya equivale a 2,5 hectáreas por persona; el de México a 3,4; el de España a 5,6; el de Estados Unidos a 9,4 y el de Luxemburgo a 10,2. Si toda la humanidad viviera como los españoles, necesitaría los recursos de dos Tierras y media; si viviera como los luxemburgueses, necesitaría casi cinco Tierras. La factura por este desequilibrio la pagan la naturaleza y el Tercer Mundo, y si nada cambia la pagarán, multiplicada, nuestros nietos.

Es hora de progresar de una sociedad basada en el crecimiento material a una sociedad basada en el crecimiento de los valores intangibles que nos hacen propiamente humanos.

9

PACIFICAR LA ECONOMÍA

Nuestra economía no es una economía de paz. Los mayores presupuestos del mundo son presupuestos militares. Enormes cantidades de dinero (incluidas las inversiones de mucha gente pacífica) giran entorno a productos explícitamente violentos como las armas y las sustancias altamente tóxicas. El sistema económico genera, además, violencia estructural, en la medida en que su propia dinámica tiende a exacerbar las desigualdades entre ricos y pobres (privatizando los beneficios y socializando las pérdidas, por ejemplo), tanto a escala global como dentro de la mayoría de sociedades. También genera violencia al externalizar sus costes en las generaciones futuras (por ejemplo con los residuos de la industria nuclear, cuya toxicidad persiste durante miles de años) y en la naturaleza, mediante la destrucción de ecosistemas y múltiples formas de contaminación. Nuestra economía insaciable, hiperactiva y bulímica, resulta perjudicial tanto para las personas como para la Tierra. Si queremos un mundo en paz es necesario pacificar la economía. Ello implica reintegrarla dentro de la sociedad y dentro de los ciclos naturales.

El Producto Interior Bruto (PIB), que hasta hace poco era la única medida oficial del desarrollo de un país, mide sólo transacciones económicas. Ignora todo el trabajo doméstico o voluntario, y todo el trabajo cuyo fruto es para uno mismo o para repartir solidariamente: un agricultor autosuficiente o una comunidad indígena, por más dignas y plenamente humanas que sean sus vidas, sólo cuentan para el PIB si usan dinero y hacen facturas, de lo contrario no existen. Más curioso todavía es el hecho de que el PIB cuenta como positivas las transacciones económicas derivadas de la destrucción de espacios naturales y de la destrucción de la armonía social: accidentes, crímenes, conflictos y desastres, en la medida en que movilizan servicios de emergencia, letrados y equipos de reconstrucción, tienden a aumentar el PIB, indicador modélico de una mentalidad para la que sólo cuenta lo que se puede cuantificar y convertir en dinero. Tal como las manos del rey Midas convertían en oro todo lo que tocaban, la mirada del economicismo convierte en mercancía todo lo que contempla.

De nada servirá rescatar un sistema que incluso cuando "funciona" genera egoísmo, envidia y desequilibrio ecológico. Se han propuesto reformas que pueden ayudar a sanear el sistema financiero internacional (regulación de las transacciones financieras a través de instrumentos como la tasa Tobin, eliminación de los paraísos fiscales) y a reorientar la finalidad de los bancos (que podrían pasar de basarse en la usura y la codicia a convertirse en un servicio público orientado hacia el fomento de iniciativas éticas, la regeneración ecológica y el bien común, en la línea de lo que ya hace la banca ética). Pero nuestra crisis sistémica requiere mucho más que meras reformas: pide una transformación de nuestro imaginario, nuestros modelos y nuestros valores. O, lo que es lo mismo, una transformación de nuestra conciencia. E.F. Schumacher escribió hace más de tres décadas un diagnóstico que muchos de nosotros sólo ahora empezamos a entender: «Ya no es posible creer que ninguna reforma política o económica o ningún avance científico pueda resolver los problemas de vida y muerte de la sociedad industrial. Yacen a demasiada profundidad, en el corazón y el alma de cada uno de nosotros».

10

Acrecimiento

Todo modelo económico depende de presupuestos filosóficos y culturales que guían implícitamente nuestros valores, decisiones y acciones. Los presupuestos del crecimiento económico han quedado ahora obsoletos. Llega la hora de abandonar las expectativas de crecimiento material y de buscar otros tipos de crecimiento que a la larga puedan resultar más satisfactorios. A mediados del siglo xx, el economista de origen rumano Nicholas Georgescu-Roegen, padre de la bioeconomía, se dio ya cuenta de que «cada vez que tocamos el capital natural estamos hipotecando las posibilidades de supervivencia de nuestros descendientes». Ante la constatación de que el crecimiento económico ilimitado es una fantasía imposible y además perniciosa, ha tomado fuerza en los últimos años la invitación al *decrecimiento*. El decrecimiento nace de las teorías de Georgescu-Roegen y de la crítica al desarrollo y a la sociedad de consumo realizada por pensadores como Ivan Illich, André Gorz y Cornelius Castoriadis, crítica que ha sido ampliada por economistas como Serge Latouche y Manfred Max-Neef, sociólogos como Arturo Escobar y Gustavo Esteva y filósofos como Jean Baudrillard y Raimon Panikkar. Pero no fue hasta principios de 2002 cuando la idea de decrecimiento propiamente dicha empezó a despegar, en un simposio internacional celebrado en París, con los auspicios de la UNESCO, bajo el lema «Deshacer el desarrollo, rehacer el mundo».

Decrecimiento no es recesión, sino todo lo contrario. El economista Serge Latouche, el más activo divulgador de la *décroissance* en la actualidad, señala que «el decrecimiento por el decrecimiento sería absurdo», y que sería más preciso (aunque menos elocuente) decir *acrecimiento*, tal como decimos *ateo*. Latouche propone medidas políticas y fiscales al estilo de un programa electoral, orientadas a relocalizar la economía, compartir el trabajo y aumentar el tiempo de ocio. Pero el decrecimiento no es tanto un programa o un concepto como, sobre todo, un eslogan para llamar la atención sobre cómo la economía hiperacelerada está arruinando el mundo, un timbrazo para despertarnos de la lógica fáustica del crecimiento por el crecimiento. La clave, como señala Latouche, radica en «descolonizar nuestro imaginario», dejar de creer en el crecimiento material como panacea. Se trata de prescindir del crecimiento como quien prescinde de una religión que dejó de tener sentido.

11

Resiliencia local

Las aglomeraciones urbanas transportan y transforman toneladas de materiales cada segundo: son una extraordinaria fuerza geológica. Su voraz metabolismo sólo podrá perdurar si logra reintegrarse en la biosfera. Una economía sana estaría reinsertada en la sociedad y en el medio ambiente, y cada actividad económica (incluido el transporte) tendría que responsabilizarse de sus costes sociales y ecológicos. En semejante sociedad, sensata pero de momento utópica, los alimentos biológicos y locales serían más baratos que los de la agricultura industrial, que hoy contamina y se lava las manos.

La democracia tangible es directamente proporcional al número de espacios públicos de convivencia e intercambio, ágoras, plazas y parques (e inversamente proporcional al imperio del motor de explosión sobre el ciudadano). La urbanización de la humanidad requiere que se humanicen las ciudades, devolviéndolas a la escala humana, dando primacía a peatones, bicicletas y transportes públicos y aparcando los modelos que dan preferencia al automóvil antes que a las personas (el TransMilenio de Bogotá, por ejemplo, ha potenciado el transporte rápido en autobús de forma innovadora, mejorando los sistemas antes desarrollados en Curitiba y São Paulo).

Necesitamos transformaciones a nivel local para avanzar hacia un mundo sostenible. Como suele ocurrir, los líderes políticos y las grandes instituciones se aferran a soluciones del pasado, mientras que son las personas despiertas y las iniciativas no gubernamentales las que miran al futuro. Una de tales iniciativas contemporáneas es lo que en los países anglosajones se llama *Transition towns* (municipios en transición), movimiento ciudadano que a partir de la colaboración de diferentes sectores de la sociedad, con o sin el apoyo de los ayuntamientos, empieza a dar pasos para prevenir el impacto venidero de la escasez de petróleo y el cambio climático y para reforzar su resiliencia (es decir, la capacidad del sistema local para recuperar el equilibrio ante perturbaciones imprevistas). Esta iniciativa arrancó en Totnes, en el sudoeste de Inglaterra, en septiembre de 2006. Desde entonces docenas de municipios, incluidas diversas ciudades, se han sumado a este movimiento: aplican los principios de la permacultura (que diseña poblaciones y sistemas agrícolas a partir de los principios clave que observamos en los ecosistemas), elaboran sus propios planes de descenso energético, recuperan la producción local de alimentos, reaprenden las profesiones y conocimientos que pueden volver a ser útiles en un mundo con escasez de petróleo, y como medio de intercambio usan su propia moneda (como la libra de Totnes).

Todo ello revitaliza la comunidad y la economía local, en la línea de lo que Gandhi llamaba *swadeshi*. Gandhi, en efecto, no quería un gran estado indio, sino 300.000 repúblicas autónomas, una por cada municipio. En la naturaleza, cuanto más local y diverso es un sistema también es más productivo y más resiliente. Lo mismo se aplica al orden social. Un mundo sostenible es un mundo solidario y sin fronteras, pero basado en la diversidad biocultural y en la autonomía y la resiliencia local.

12

Transformar el imaginario

Es parte de la sabiduría tradicional de muchas culturas constatar que la plenitud va ligada no al cuanto más mejor sino al justo medio. Ya el oráculo de Delfos advertía: «de nada demasiado». El confucianismo enseña que «tanto el exceso como la carencia son nocivos», y en el clásico libro taoísta de Lao Zi se lee que sólo «quien sabe contentarse es rico». Según la *Bhagavad-Gita*, «aquel que vive libre de deseos, sin apego por nada, liberado de la idea de "lo mío", liberado de la idea de "yo", aquél alcanza la paz». Por su parte, el clásico más célebre de toda la literatura budista, el *Dhammapada*, afirma que «quien en este mundo vence su codicia, ve cómo sus pesares se desprenden de él como gotas de agua de una flor de loto», y añade: «la mayor riqueza es estar satisfecho». La misma idea está presente en las palabras de un jefe indígena norteamericano (micmac) dirigidas a los colonos blancos: «aunque os parecemos miserables, nos consideramos más felices que vosotros, pues estamos satisfechos con lo que tenemos». Y no falta en la tradición judía («no me des pobreza ni riqueza», *Proverbios*), ni en el Evangelio: «es más fácil que un camello entre por el ojo de una aguja, que el que un rico entre en el Reino de los Cielos» (*Mateo*). El islam da una gran importancia al tributo social purificador (*zakât*) y un hadit de Muhammad afirma que «la riqueza no consiste en la posesión de bienes; la verdadera riqueza es la riqueza del alma». Incluso uno de los padres de la *American way of life*, Benjamin Franklin, escribió: «El dinero nunca hizo feliz a nadie, ni lo hará... Cuanto más tienes, más quieres. En vez de llenar un vacío, lo crea».

El consumo pretende ser una vía hacia la felicidad, pero es como una droga que requiere cada vez dosis mayores. Desde 2006 existe un Happy Planet Index, indicador que clasifica los países del mundo según un índice de felicidad establecido a partir de la esperanza de vida, la satisfacción vital y la huella ecológica. En su primera edición, este indicador dio una clasificación de 178 países en la que Vanuatu, archipiélago tropical económicamente "pobre", aparecía como el país más feliz, seguido de diversos países caribeños. En 2009 se ha elaborado una nueva edición del Happy Planet Index con una lista más restringida a fin de homogeneizar los datos (dejan de contabilizarse treinta y cinco países, entre ellos Vanuatu). Esta nueva clasificación de países felices está encabezada por Costa Rica, con Holanda como el primer país de Europa occidental. España ocupa el lugar 76, justo detrás del Reino Unido y Japón. Los doce países menos felices son todos ellos del África subsahariana, con Botsuana, Tanzania y Zimbabue ocupando las últimas plazas. Estados Unidos queda en la posición 114, entre Madagascar y Nigeria.

*

La crisis ecológica es la expresión biosférica de una profunda crisis cultural, una crisis derivada del modo en que percibimos nuestro lugar en el mundo. Buscamos el sentido de la vida en la acumulación, mientras el mar se vacía de peces y la tierra de fauna y flora silvestres. Liberarnos de la idolatría del consumo y del crecimiento por el crecimiento requiere transformar el imaginario personal y colectivo, transformar nuestra manera de entender el mundo y de entendernos a nosotros mismos. Un criterio para ello es abandonar la sed de riqueza material en favor de otras formas de plenitud. No se trata de ascetismo. Al fin y al cabo, la revista *Décroissance* lleva como subtítulo *Le journal de la joie de vivre*. No implica disminuir el nivel de vida sino concebirlo de otra manera. Se trata, en la línea de iniciativas que van desde el *slow food* de Carlo Petrini a la *simplicidad radical* de Jim Merkel, de fomentar la alegría de vivir y convivir, de *des*arrollarnos en el sentido de dejar de arrollarnos unos a otros, de crecer en tiempo libre y creatividad, crecer como ciudadanos responsables de un mundo bello y frágil.

PARTE II:

ANATOMÍA DE UN ESPEJISMO

4. LA GRAN SUPERSTICIÓN

¿Qué podemos ganar viajando a la Luna si no somos capaces de cruzar el abismo que nos separa de nosotros mismos? Éste es el más importante de los viajes de descubrimiento, y sin él todos los demás no son sólo inútiles, sino desastrosos.

THOMAS MERTON

13

LA INSACIABLE SED DE CERTEZA

Muchas de las certezas que abrazó el siglo XX han empezado a tambalearse en ámbitos de todo tipo: de la economía, la ética y la política a la sexualidad y el clima. La sociedad, los valores, los empleos y hasta las relaciones de pareja se han ido volviendo cada vez menos sólidos y más líquidos, en la acertada expresión del sociólogo Zygmunt Bauman.

No es, sin embargo, la primera vez que Occidente vive una época de incertidumbre casi general. Cuatro siglos atrás, en los siglos XVI y XVII, también encontramos una época en la que, como hoy, todo se tambalea: las certezas religiosas (pensemos, por ejemplo, en Lutero), las certezas cosmológicas (Copérnico), las certezas geográficas (Colón) o la estabilidad política (Guerra de los Treinta Años). Los autores de aquella época escriben a menudo sobre la incertidumbre y la angustia que detectan por todas partes. En aquel momento se han derretido las certezas medievales y la sociedad europea se encuentra en fase líquida, antes de volver a solidificarse como cultura moderna.

Descartes vive en medio de aquella época de incertidumbre. De hecho, Descartes es uno de los autores de todos los tiempos que más rotundamente ha expresado la desesperación ante la incertidumbre y el anhelo de un conocimiento que esté basado en un fundamento inalterable (*fundamentum inconcussum*) y que establezca una certeza firme y permanente (*firmum et mansurum quid stabilire*). Esta ansiosa sed de certeza va íntimamente ligada en los textos de Descartes a un afán de convertirnos en *maîtres et possesseurs de la nature* («dueños y poseedores de la naturaleza», según escribe en su *Discurso del método*).

En Galileo y Descartes la sed de certeza también se expresa en su convicción de que sólo es verdaderamente real lo que es cuantificable, medible. Ello les lleva a considerar que los colores, olores, sabores, toda apreciación de sentido o de belleza, y todo lo que constituye nuestra experiencia inmediata del mundo son meras ilusiones. Así, Galileo escribe que los «sabores, olores, colores, etcétera» no son verdaderamente reales, «no son otra cosa que meros nombres». A decir de Descartes, las sensaciones son únicamente «pensamientos confusos», y sólo nuestra ignorancia nos hace creer que los colores que vemos o el dolor que sentimos son reales. Desde esta perspectiva, sólo es plenamente real lo que es cuantificable (lo que Locke llamará "cualidades primarias": longitud, peso, velocidad...) mientras que la mayor parte de lo que constituye nuestra experiencia se considera ilusorio ("cualidades secundarias" producidas por nuestros engañosos sentidos).

Nuestra cultura, de manera implícita, ha seguido sus pasos. Por ejemplo, hoy la ciencia da a entender que los colores que vemos ahora mismo en realidad no existen: lo que existe realmente serían determinadas ondas del espectro electromagnético de tantos o cuantos nanómetros. Esta convicción, a menudo inconsciente, ha contribuido sin duda a desarrollar nuestra tecnología y nuestro poder. Pero también ha contribuido a devaluar nuestra experiencia directa y nos ha hecho creer que lo que es cualitativo y cambiante es menos real que lo que es cuantificable y constante. Ello nos invita a exiliarnos de la naturaleza en favor de un mundo de abstracciones. Creer que lo que es verdaderamente real es cuantificable y constante puede ser útil en muchos casos, pero no ayuda a la vida en general y, sobre todo, a la vida en tiempos de incertidumbre.

La búsqueda iniciada por Descartes de una ciencia que proporcione certeza absoluta es lo que pedía su época y ha dado frutos extraordinarios. Hoy, sin embargo, vivimos en un momento diferente. Por un lado, sabemos que hemos ido demasiado lejos en nuestro afán de controlar y colonizar la naturaleza. Por otro, la expansión de aquel conocimiento que iba a aumentar la certeza ha producido, cuatro siglos más tarde, resultados paradójicos. A partir de Newton, durante unas cuantas generaciones pudimos creer que el universo estaba completamente basado en procesos lineales, leyes mecánicas y geometría euclidiana, o que era –por así decir– como una enorme burocracia donde cada cosa está rígidamente determinada por leyes y cifras fijas y en la que no hay lugar para la sorpresa. Como es sabido, Laplace creía a finales del siglo XVIII que si pudiéramos conocer todos los detalles del universo presente también podríamos conocer todos los detalles de su pasado y de su futuro.

Desde el amanecer de la ciencia occidental la astronomía fue el modelo de lo que es armonioso, ordenado y exacto. El sistema solar de mediados del siglo XIX, de movimientos precisos y calculables como los de un reloj perfecto, parecía confirmarlo, sobre todo después del descubrimiento de Neptuno. Pero pocas décadas después el cosmos iba a dejar de ser un modelo de certeza. Ya a finales del siglo xix se empieza a usar en inglés la palabra *astronomical* para designar cosas desmesuradas, desproporcionadas, "exorbitantes" (es decir, que se salen de su órbita). En este sentido hablamos, por ejemplo, de un "precio astronómico". El universo contemporáneo, con sus quásares, agujeros negros, materia oscura, energía oscura... se aleja aceleradamente de aquel simple mecanismo de relojería con el que se lo había comparado.

El conocimiento basado en el afán de certeza ansía un universo objetivo, controlable y separado del observador. Un universo en el que nada sea ambiguo o incierto, en el que todo sea reducible a materia y todo pueda expresarse pefectamente mediante cifras y fórmulas. Para ello, la revolución intelectual del siglo xvii dejó al mundo sin valor intrínseco y lo convirtió en suma arbitraria de objetos, listos para ser poseídos, clasificados, manipulados y consumidos. En aquella transformación cultural puede verse la raíz del materialismo contemporáneo.

El desarrollo de nuestra propia cultura mostró en el siglo xx (del teorema de incompletitud de Gödel a la física cuántica) que el afán de certeza es en el fondo un espejismo. Hoy sabemos que incluso las órbitas planetarias son caóticas (la teoría del caos muestra que hay un núcleo de impredecibilidad en todo sistema físico de más de dos cuerpos). En múltiples ámbitos disminuyen las certezas y aumenta la incertidumbre, incluso en muchas teorías científicas, que en vez de evolucionar hacia conclusiones más simples y generales tienden a ser cada vez más fragmentarias y complicadas. La visión del mundo como algo objetivo, controlable y separado se quedó hace décadas sin base teórica. Seguimos creyendo en ella por mera inercia, con la esperanza de que el mundo vuelva a ser controlable como queríamos. Pero es una visión obsoleta –y está en la raíz de nuestras crisis.

14

CIFRAS, CÓDIGOS, BARRAS

Jedediah Buxton, mente prodigiosa del siglo XVIII, fue preguntado por sus impresiones tras haber ido a ver por primera vez una obra de Shakespeare, *Ricardo III*. Nada dijo sobre lo que vio representado. Lo único que respondió es que se profieren 12.445 palabras y los pasos de las danzas suman 5.202. Aunque parezca mentira, sus números eran exactos. Pero se perdió, claro está, el contenido de la obra.

El Principito de Saint-Exupéry conoció en uno de sus viajes a un hombre de negocios que estaba sumamente atareado: contaba las estrellas que creía poseer. El Principito pronto aprendió que «las personas mayores aman las cifras». *Hard Times (Tiempos difíciles)* de Dickens se abre con una arenga de una de tales "personas mayores" sobre la necesidad de que los alumnos y alumnas de las escuelas se limiten a aprender *facts*, «hechos»: «*Facts alone are wanted in life... Stick to facts, sir!*». Por eso son *hard times*, tiempos tan duros y áridos como la objetividad ideal de las cifras y los hechos. Richard Dawkins, destacado divulgador del reduccionismo científico, considera que el universo se compone de diferentes tipos de códigos de barras («Barcodes in the stars», «Barcodes on the air» y «Barcodes at the bar» se titulan tres capítulos de su obra *Unweaving the Rainbow*), que somos meros ordenadores y que las constelaciones que han inspirado a los poetas no tienen mayor sentido que «una mancha de humedad en el techo del baño».

Las cifras y abstracciones son herramientas maravillosas. Las matemáticas hechizaron ya a los antiguos griegos por su precisión ideal, precisamente por su constraste con las cosas tangibles, que nunca son perfectamente redondas, perfectamente cuadradas o perfectamente equivalentes (en el mundo real una naranja nunca es exactamente igual a otra naranja). Aristóteles, por ejemplo, sostenía que las matemáticas nunca podrían aplicarse con exactitud al mundo que observamos. Y así pareció a muchos durante dos milenios, hasta que Galileo y otros aplicaron las matemáticas al mundo físico y sentaron las bases de una astronomía que puede predecir con precisión los movimientos planetarios. Pero el método se llevó a un extremo, identificando exclusivamente el mundo con un libro escrito en lenguaje matemático y reduciendo la realidad a lo que es cuantificable. La geometrización del mundo nos ha brindado un enorme poder, sin duda. Pero hemos acabado reduciéndolo todo a códigos de barras, cifras, estadísticas y redes de abstracciones. Como las que rigen la economía, cada vez más ajenas a la experiencia concreta de tierras y gentes. Ajenas, incluso, a sus propias crisis.

15

LAS DOS CARAS DEL MATERIALISMO

Si hubiera que resumir el espíritu de nuestra época con un solo concepto, "materialismo" sería un excelente candidato. El materialismo, que antes de Descartes era a lo sumo una doctrina extravagante, constituye lo que hoy somos hasta tal punto que nos resulta de sentido común. Una de sus claves es la creencia en que hay una separación radical entre el mundo material objetivo y la psique humana. Por tanto, nuestra única manera efectiva de actuar es a través de la dimensión material del mundo.

El *Diccionario de la Real Academia Española* distingue dos sentidos de la palabra "materialismo". Uno, tal vez el más familiar, es el materialismo como acumulación y consumo: «Tendencia a dar importancia primordial a los intereses materiales». La industria publicitaria es uno de los promotores más visibles de este materialismo que ha seducido a buena parte de la humanidad a guiarse por la codicia, a considerar que la acumulación y el consumo son las fuentes del bienestar, y a creer que el dinero es la medida de todas las cosas y que el crecimiento material no tiene límites.

Pero hay un sentido más antiguo de "materialismo", que podría parecer que tiene muy poco que ver y que en el diccionario consta en primer lugar: «Doctrina según la cual la única realidad es la materia». Se trata de una doctrina o ideología que muchos de nosotros hemos aceptado inconscientemente. Según ella, todo lo que somos y todo lo que nos rodea resulta en el fondo de las modificaciones de elementos materiales (ondas electromagnéticas, partículas subatómicas, moléculas, secuencias de nucleótidos, etcétera). Esta forma de materialismo lleva a considerar la economía como la clave casi exclusiva del bienestar de la sociedad (como hacen por igual capitalistas y marxistas). A creer que sólo es verdaderamente real lo que se puede medir y representar objetivamente. Y, en general, a explicar lo inmaterial a partir de lo material, lo intagible a partir de lo tangible, lo consciente a partir de lo inerte (explicar, por ejemplo, el amor como una mera sensación subjetiva generada por neurotransmisores).

En la mayoría de lenguas europeas se empieza a usar la palabra "materialismo" (*materialism, Materialismus*) en sentido ideológico en el siglo XVIII, y en el sentido de acumulación de posesiones materiales en el siglo XIX.

¿Se trata de dos sentidos independientes, o son como dos caras de una misma moneda? ¿O tal vez el materialismo como ideología está en la base del acumular y consumir? Si creemos en la belleza, tenderemos a sumergirnos en el arte. Si creemos en la materia, ansiaremos acumular cosas materiales. Y si creemos que todo se puede medir, ansiaremos aquello que todo lo reduce a un simple parámetro cuantificable y objetivo: el dinero.

Si la única realidad es la materia, nuestro único horizonte es acumular, consumir y competir. Pero cuando ese horizonte entra en crisis y se revela como un espejismo, ¿qué ocurre? ¿Acaso el mundo nos está diciendo que aquella ideología era ilusoria? ¿Acaso la creencia en que la única realidad es la materia era también un espejismo?

16

ALIENACIÓN, CONSUMISMO, TOTALITARISMO

Si lo único que realmente existe es una suma de elementos materiales separados, ¿qué sentido tiene

Materialismo$_1$
(visión del mundo)
Lo único que realmente existe es la materia,
inerte y cuantificable

↓

Nuestra experiencia directa del mundo
(colores, olores, sabores, sentimientos, emociones,
intenciones, intuiciones y toda apreciación de sentido
y de belleza) se considera subjetiva e ilusoria

↓

Alienación
(en un mundo sin sentido)

↓

Vacío interior, que urge llenar con lo único
que se considera real: lo material y cuantificable
(posesiones, dinero)

↓

Materialismo$_2$
Consumismo (acumulación de posesiones materiales)

*Figura 2. El materialismo como visión del mundo conduce
al materialismo como acumulación de posesiones.*

nuestra existencia? La visión materialista del mundo nos arroja a un universo inerte y estéril, un universo que, como escribía Jacques Monod, premio Nobel de Medicina en 1965, deja al ser humano totalmente aislado e inadaptado en la periferia de un mundo que es «sordo a su música» y «tan indiferente a sus esperanzas como a su sufrimiento o a sus crímenes».

La visión materialista nos muestra un universo indiferente y hostil, un mundo de conflicto y escasez en el que sólo unos pocos, muy pocos, pueden triunfar. Ello invita a un narcisismo basado en la acumulación de lo único que se considera real: lo material y cuantificable, las posesiones y el dinero, la certeza y el poder. De esta raíz metafísica y psicológica es natural que brote el consumismo (¿qué mejor que acumular posesiones materiales?), el economicismo (¿qué es el mundo sino una suma de objetos mercantilizables?, ¿qué otra meta hay sino el crecimiento material ilimitado?) y, a la larga, el totalitarismo, porque las personas (así como ética y estética) son en el fondo prescindibles: lo único que cuenta son los resultados tangibles –como señaló Hannah Arendt, la clave del totalitarismo no es tanto el poder despótico sobre la gente como el hacer que la gente resulte superflua.

En este sentido, el materialismo es una forma de violencia contra la propia condición humana. Pero toda violencia, como toda mentira, es insostenible.

17

Maneras de mirar

Nuestra percepción del mundo depende tanto del mundo como de nuestra percepción. Esto se aplica no sólo a nuestra visión personal de las cosas, sino también a las percepciones compartidas por toda una cultura e incluso a la visión científica del mundo. Sabemos desde Kuhn que la ciencia no es un proceso lineal de aproximación gradual a una "Verdad" independiente de factores culturales y históricos, sino una actividad humana que se da siempre en un contexto y en la cual, a veces, se producen giros radicales (cambios de paradigma) que transforman sus criterios, sus objetivos y sus resultados. "Teoría" viene del griego *thea*, mirar: las teorías, por más científicas que sean, no dejan de ser maneras de mirar.

Si toda una cultura se dedica durante generaciones a contemplar el mundo como algo material y objetivo, ese mundo (el mundo de dicha cultura) se manifestará efectivamente como material y objetivo –hasta que un día esa forma de observar empiece a topar con contradicciones.

Durante siglos hemos creído que el mundo está hecho de elementos materiales separados e inalterables, que de la materia inerte deriva la vida y que de la vida inconsciente deriva la conciencia, aunque nadie puede explicar cómo –se trata de una mera creencia, sostenida por la fe en el materialismo que impregna nuestra cultura.

Nuestra mente ha concebido un mundo material, objetivo, mecánico e independiente de nuestra conciencia. En él, nuestra conciencia y nuestra subjetividad aparecen como anomalías. ¿O acaso la anomalía está en nuestra forma de entender el mundo? Hay cada vez más indicios que apuntan en esta dirección.

18

EL MUNDO COMO ESPEJO DEL YO

Nuestra manera de entender el mundo refleja cómo nos entendemos a nosotros mismos. Un mismo lugar visto con ojos de poeta, de biólogo, de empresario o de ingeniero origina visiones muy distintas. La percepción de un paisaje es un retrato de aquel lugar y, a la vez, un pequeño autorretrato de la persona que lo percibe.

Lo psicólogico y lo ecológico son dos caras de una misma moneda. La mayoría de las crisis psicológicas hunden sus raíces en el hecho de que la psique contemporánea se halla divorciada del cuerpo y de la naturaleza que la sostienen. La destrucción ecológica tiene su contrapartida en nuevas psicopatologías autodestructivas. El narcisismo, la esquizofrenia y la depresión que caracterizan a nuestra cultura se reflejan en el saqueo de paisajes, de comunidades y de nuestra vida interior. De algún modo, la represión de nuestros sentimientos bajo los artificios de la conciencia va de la mano con la represión de la naturaleza bajo capas de asfalto, dosis de plaguicidas y vertidos de petróleo. El desequilibrio ecológico y el desequilibrio anímico se reflejan mutuamente.

Si vemos el mundo como algo inerte y mecánico, podemos preguntarnos qué dice eso de nosotros. Podríamos extender esta correspondencia entre lo que somos y lo que vemos a nuestro entorno más remoto: el universo astronómico. Así lo hizo el poeta inglés D.H. Lawrence en su última obra. Según Lawrence, «nuestra principal tragedia» y la raíz de nuestra sensación de soledad es el hecho de que «hemos perdido el cosmos», pérdida que Lawrence veía como un reflejo de nuestro vacío interior: «Cuando describimos la Luna como inerte, estamos describiendo nuestra propia carencia de vida. Cuando descubrimos que el espacio está horriblemente vacío, estamos describiendo nuestro vacío insoportable». (En nuestros días, las espectaculares imágenes de galaxias remotas vuelven a sugerirnos de algún modo el carácter numinoso del cosmos: son imágenes casi oníricas, que hablan a nuestra imaginación. Cuando Lawrence escribía, hace ocho décadas, las imágenes que proporcionaba la cosmología eran mucho más prosaicas, en blanco y negro, grises y constreñidas a nuestro entorno astronómico inmediato. En cualquier caso, pese a la belleza de las imágenes que hoy tenemos del universo remoto, seguimos concibiendo el cosmos como un simple agregado de materia y energía, inerte y sometido a leyes mecánicas, que podemos analizar pero al que no podemos en el fondo interpelar.)

Por otra parte, quienes se intoxican de mecanicismo acaban ellos mismos sintiéndose máquinas –y creyendo que los demás también lo son. Richard Dawkins afirma convencido que «cada uno de nosotros es una máquina, como un avión sólo que mucho más complicado». Pero la interioridad humana no es como el interior de los aviones, como saben los poetas, los enamorados, los niños y el sentido común.

19

TEMPLO, ESCENARIO, OBJETO

Si contemplamos sin prejuicios lo que ha sido la experiencia occidental de la naturaleza, escuchando los testimonios que ha dejado cada época, podemos distinguir, a grandes rasgos, tres etapas. La naturaleza, vista originariamente como un templo numinoso, pasó a convertirse en mero escenario de la actividad humana, para luego quedar reducida a objeto a medida que el ser humano emergía como sujeto autónomo y poderoso. En este recorrido hemos aprendido mucho, pero también hemos perdido algo que ahora urge recuperar.

La experiencia primordial de los pueblos indígenas, desde los aborígenes australianos a los indios norteamericanos (antes de que acabaran asimilados por la cultura occidental), apunta a una experiencia de la naturaleza como conjunto armonioso y bien ordenado, donde todas las cosas se comunican las unas con las otras y todo tiene un significado a la vez humano y cósmico. Por ejemplo, en la Australia aborigen encontramos esta experiencia en la llamada «Era del Sueño» (llamada *Dreamtime* en inglés y *Tjukurpa* en una de las centenares de lenguas aborígenes): tradicionalmente (y desde hace más de 40.000 años) los aborígenes australianos consideraban cada elemento destacado de su entorno (cerros, rocas, riachuelos...) como un rastro presente y viviente de cada uno de sus antepasados míticos («esto no es una roca, es mi abuelo», puede decir por ejemplo un aborigen). La percepción de la naturaleza como algo intrínsecamente vivo y numinoso, que alcanza su versión más sofisticada en el taoísmo chino, es común en las culturas premodernas. Sabemos que en diversos grupos de indios norteamericanos era común pedir permiso y dar gracias al árbol que había que cortar o al animal que se quería cazar. Esta experiencia del mundo la encontramos también en Occidente, por ejemplo en la cultura griega antigua. Tales, considerado el primero de los filósofos griegos, afirmaba que «todas las cosas están llenas de dioses», hecho patente en los relatos griegos más antiguos, la *Ilíada* y la *Odisea*.

En la Europa medieval, en cambio, la vida sobre la Tierra se vive como un exilio de la vida verdadera, que estaría en el cielo. Se considera al hombre hecho a imagen de Dios (la mujer es también imagen de Dios, pero una imagen secundaria, surgida de una costilla de Adán), mientras que la naturaleza (creada por Dios pero no a imagen suya) se convierte en escenario, trasfondo de la acción y la experiencia humana. Esta noción de la naturaleza como escenario quedará reflejada más tarde en una de las palabras inglesas habituales para referirse al paisaje: *scenery* (derivado del italiano *scenario*, "escenario", y empleado en el sentido de paisaje desde el siglo XVIII). Sobre este escenario se desarrolla el diálogo interior entre el alma y Dios, el diálogo entre la razón y las pasiones o, en términos todavía más modernos, el diálogo entre la conciencia y el inconsciente.

Curiosamente, la primera palabra que aparece en latín medieval para designar el entorno natural de un lugar (lo que hoy llamamos "paisaje") se basa en percibir al hombre y la naturaleza como opuestos e incluso contrarios: de la preposición *contra* surge la expresión *terra* (o *regio*) *contrata*: la tierra que tenemos enfrente, la tierra que se nos enfrenta. De este sentido de contrariedad y enfrentamiento entre el espacio humano y el entorno (*contra, contrata*) surgen el castellano, catalán e italiano *contrada*, el francés *contrée*, y las palabras inglesas *country* y *countryside*. Encontramos exactamente la misma idea de contrariedad en el alemán *Gegend* (región, comarca, contrada), que deriva de *gegen*, "contra".

En la Europa de los siglos XVI y XVII se produce una transformación sin precedentes en la manera de entender el mundo, de la cual derivan muchas de las luces y sombras de nuestro mundo de hoy: la llamada Revolución Científica. Una de sus características esenciales es tomar como verdaderamente real sólo lo que es cuantificable, medible. Así el espacio, de Newton a Kant, se considera mera extensión sin atributos: uniforme, homogéneo e isotrópico.

Euclides fue el primero en concebir este espacio uniforme, pero para los griegos el espacio geométrico era una abstracción que no coincidía con el mundo real: los griegos vivían en un mundo de lugares particulares y únicos, no en el espacio uniforme de la física newtoniana. La palabra griega más habitual para "espacio", *chōra*, significa de hecho "intervalo" (entre dos lugares), "lugar", "posición" o "región". La física de Aristóteles no concibe un espacio abstracto, sino un cosmos donde todas las cosas quieren ir hacia su lugar natural; es como un campo (en el sentido científico desarrollado por Faraday) constituido por cosas concretas y lugares específicos. Para referirse al espacio, Aristóteles prácticamente no emplea otra palabra que *topos*, lugar. También en latín *spatium* designa un lugar concreto, no un "espacio" abstracto. De este espacio que era una comunidad de lugares particulares hemos pasado al espacio uniforme donde cada punto se puede definir con coordenadas de GPS (y donde todo cae en la lógica del mercado).

Sin duda medir es muy útil, pero un mundo que sólo considera verdaderamente real aquello que es medible es un mundo mutilado, empobrecido. La Revolución Científica coincide con el proceso descrito por Carolyn Merchant como «muerte de la naturaleza» y da lugar a lo que Augustin Berque denomina pérdida de la *cosmicité*, pérdida del sentido de pertenencia del ser humano en el mundo. Peter Sloterdijk, el más destacado de los filósofos alemanes contemporáneos, afirma de manera similar que «la pérdida del sentimiento cósmico es el signo más distintivo de la Modernidad» y que a partir de Copérnico «el ser humano se ha convertido en el idiota del cosmos; se ha condenado él mismo al exilio y se ha expatriado en lo sinsentido».

Hoy necesitamos una nueva relación con la naturaleza y con el mundo: una nueva experiencia de quiénes somos y dónde estamos.

20

PEQUEÑA HISTORIA DEL MUNDO

1. El mundo: un jardín donde cada árbol, cada río y cada sonrisa son tal como han de ser. La naturaleza es expresión de una armonía cósmica, armonía en la que los humanos participamos plenamente.
(Experiencia primordial de los pueblos indígenas
y de los místicos y sabios de diversas culturas.)

2. El mundo: bueno, bello y perfecto, pero a la vez reflejo del abstracto mundo de las ideas, que todavía es más bueno, más bello y más perfecto. La naturaleza se vuelve mera copia, deja de ser original.
(Platonismo: piedra angular de Occidente.)

3. El mundo: caído, aunque todavía bueno y bello en tanto que creado por Dios. Todo el protagonismo es ahora para el diálogo entre Dios y el alma humana. La naturaleza no es parte de esta obra: es sólo su escenario, su decorado, su trasfondo.
(San Agustín: giro medieval hacia la interioridad.)

4. El mundo: ni bueno ni bello, sino inerte, sordo y ciego, simple suma de materiales que podemos explotar como se nos antoje. El universo es un gran reloj mecánico, cuyos movimientos siempre se pueden explicar racionalmente y se pueden y deben poner a nuestro servicio. La naturaleza es simple materia. (Descartes: arranque del materialismo moderno.)

5. El mundo: fábrica e hipermercado global, donde todo se puede manipular y vender. La naturaleza va desapareciendo, incluso como concepto —«todo es naturaleza, también los ordenadores», dice la frívola lógica del sistema.

(Movilización total del mundo:
siglo XX y postmodernidad.)

6. El mundo: hostigado pero aún vigoroso, esperando a que despertemos, que lo miremos a los ojos y lo escuchemos. Sólo cuando redescubramos la naturaleza nos redescubriremos a nosotros.

(Postmaterialismo: se desvanece el espejismo
que nos hacía creer que no somos de este mundo,
del mundo natural y terrenal.)

5. LA CRISIS DEL EGO MATERIALISTA

La compulsión a producir y consumir, conducta característica de nuestra vida en una economía tecnológica avanzada, podría ser a la vez una expresión de furia nihilista y una defensa maníaca contra nuestra depresión colectiva en una época de insoportable pobreza espiritual y de creciente sentido de desesperación.

DAVID M. LEVIN

21

CRISIS SISTÉMICA

¿Hasta dónde alcanza la crisis?

Lo que ha entrado en crisis no es sólo el neoliberalismo, ni siquiera el capitalismo. Podríamos decir que ha entrado en crisis el economicismo, la visión del mundo que considera la economía como el elemento clave de la sociedad y el bienestar material como clave de la autorrealización humana. El economicismo es común al capitalismo y el marxismo, y durante mucho tiempo a la mayoría de nosotros nos pareció de sentido común –pero hubiera sido considerado un disparate o una aberración por la mayoría de las culturas que nos han precedido, que generalmente veían la clave de su universo en elementos más intangibles, culturales, religiosos o éticos.

En el fondo, sin embargo, no sólo ha entrado en crisis el economicismo, porque la crisis actual es sistémica y no sólo económica. Tiene una clara dimensión ecológica (pérdida de biodiversidad, destrucción de ecosistemas, caos climático), pero también se manifiesta en el ámbito cultural, social y personal.

Vivimos una crisis sistémica, que habíamos conseguido ignorar porque el crecimiento de la economía nos hechizaba con sus cifras sonrientes y porque los goces o promesas del consumo sobornaban nuestra conciencia. Pero el espejismo del crecimiento económico ilimitado se desvanece y de repente nos damos cuenta de que no podemos seguir ignorando la crisis ecológica, la crisis de valores, la crisis cultural. Disponemos de cantidades ingentes de información, centenares de teorías y muchas respuestas, pero la mayoría sirven de muy poco ante las nuevas preguntas. Lo que ha entrado en crisis es toda la visión moderna del mundo, que de pronto se nos aparece obsoleta y pide urgentemente ser reemplazada.

La crisis, por tanto, no sólo es una oportunidad para avanzar hacia economías y sociedades que sean más solidarias, sostenibles y plenamente humanas. También es una alarma que ha saltado porque ya es hora de despertar. Porque la economía global era como un gigante sonámbulo, que avanzaba a grandes zancadas sin saber adónde iba, sin saber lo que estrujaba bajo sus pies, inmerso en las ensoñaciones de una visión del mundo caduca. Por ello la crisis es como una vigorizante ducha fría. Una oportunidad para despertar.

22

CONSUMO, LUEGO EXISTO

El dinero comenzó siendo un medio de intercambio y acabó convirtiéndose en una obsesión, una especie de proyecto simbólico de inmortalidad. No sólo nos hace sentir más seguros sino más reales. Lo mismo ocurre con el consumo. En un mundo materialista el consumo se convierte en una necesidad psicológica, no sólo para alimentar la autoestima, sino para sentir que uno forma parte del sistema. Para sentir que uno existe. El ego materialista se siente más real cuanto más tiene. Para él tener es ser. En la raíz de todo ello hay un miedo a no ser.

Pero en realidad no somos lo que tenemos, sino que no tenemos otra cosa que lo que somos.

23

MÁS ALLÁ DEL EGO

La identidad del ego, especialmente en el mundo materialista, está basada en la separación. El ego moderno se siente como un fragmento aislado en un universo hostil, y de su miedo interior nace su necesidad de certeza y seguridad, de objetivar y cuantificar, de clasificar y codificar, de competir y consumir. Reprime sus sentimientos y se esfuerza en hacer encajar el mundo en una red de abstracciones donde todo puede ser medido y etiquetado, una red que uniformiza la diversidad y detiene lo que se movía. Sintiéndose insignificante, el ego ansía siempre más de lo único que cuenta: lo material, tangible y controlable.

Cuando el crecimiento de lo que es material, tangible y controlable entra en crisis, entra en crisis el ego moderno: toda una forma de estar en el mundo ligada a un complejo de creencias que inconscientemente compartíamos. Por ejemplo, que el ser humano es radicalmente diferente y superior al resto del universo. O que cada ser humano es también radicalmente diferente de los demás, contra los que ha de competir para prosperar. O que el universo es básicamente inerte y se rige por leyes puramente mecánicas y cuantificables.

Pero el ego moderno no puede ser sustituido por un ego transmoderno, porque no hay tal cosa. La crisis nos invita (o nos acabará obligando) a ir más allá del ego y a descubrir que nuestra identidad es en el fondo relacional, que no estamos aislados sino que participamos en un océano de relaciones en el que también fluyen la sociedad, la naturaleza y el cosmos.

Una nueva forma de ser humano quiere nacer.

24

DEL CONTROL AL FLUIR

Hay psicólogos que afirman que sólo hay dos actitudes básicas en nuestro interior: el amor y el miedo. El amor nos permite relajarnos y fluir. El miedo nos tensa y nos lleva a anhelar seguridad y control.

Estas dos actitudes básicas van ligadas a dos formas radicalmente distintas de percibir el mundo. Si nuestra emoción básica es el miedo y queremos controlar lo que nos rodea, nos esforzaremos en descubrir todo aquello que sea controlable –todo aquello que sea fácilmente aprehensible, separable y clasificable. Ignoraremos todo lo ambiguo y sutil y pondremos énfasis en lo que es material y cuantificable. Tenderemos hacia una visión materialista de la realidad. Veremos el mundo tal como deseamos: como una suma de objetos separados, fijos, uniformes, controlables. Pero en un entorno así, tarde o temprano, hemos de sentirnos aislados, desarraigados, alienados en un mundo en el que nada de lo propiamente humano tiene sentido. Para compensar nuestro desarraigo y nuestra alienación tenderemos a anhelar más poder, más control. Querremos que nuestro mundo sea más inerte y controlable, y nos acabaremos sintiendo todavía más alienados, de modo que ansiaremos más poder...

Este círculo vicioso, ¿no tiene que ver con algo que todos hemos experimentado de algún modo, a nivel individual y a nivel colectivo?

Por el contrario, si nuestra emoción básica es positiva y nos sentimos a gusto con nosotros mismos y con el mundo, tenderemos a fluir, gozosa y relajadamente. Cuando nos aislamos y solidificamos nuestra actitud vemos el mundo como algo compuesto básicamente de elementos aislados y sólidos. En cambio, cuando fluimos con el mundo tendemos a percibirlo como algo dinámico, interrelacionado y sutil, lleno de sincronicidades y prodigios –más allá del materialismo. Un mundo asombroso en el que no nos sentimos como individuos aislados sino como olas en un océano de relaciones, rebosantes de vínculos. No somos espectadores externos, sino participantes en una aventura conjunta. La experiencia postmaterialista de fluir en un mundo interrelacionado y dinámico nos hace participar y sentir arraigados, y ello refuerza nuestra inclinación natural a seguir fluyendo. No es un círculo vicioso, sino un círculo virtuoso.

El círculo vicioso del materialismo genera egoísmo y competición. Ve el mundo y a los demás como

objetos de explotación o rivales. Corre aceleradamente hacia el futuro, con una carga de culpas y
preocupaciones. Y en su centro anida el miedo.

El círculo virtuoso del postmaterialismo genera altruismo y cooperación. Ve el mundo como algo
asombroso, un lugar para crear y celebrar. Camina
agradecido en el presente. Y en su corazón anida
el amor y el gozo de vivir.

Un nativo norteamericano contó a su nieto que
sentía que había dos lobos luchando en su interior:
«Uno de los lobos es violento, lleno de sed de ven-
ganza. El otro es cariñoso y compasivo». El nieto
preguntó: «¿Cuál de los lobos vencerá en tu corazón?». «Aquel al que alimente», respondió el anciano.

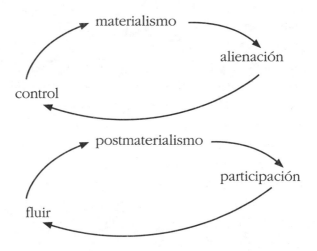

Figura 3. El círculo vicioso del materialismo
y el círculo virtuoso del postmaterialismo.

PARTE III:

EL POSTMATERIALISMO
QUE VIENE

6. DEL MATERIALISMO AL POSTMATERIALISMO

> *Para la mente apagada, toda la naturaleza es aburrida. Para la mente iluminada, el mundo entero fulgura y destella con su luz.*
>
> RALPH WALDO EMERSON

25

POSTMATERIALISMO

Caminamos hacia un mundo postmaterialista.

En un primer sentido, el postmaterialismo significa un declive del afán de poseer y consumir bienes materiales, y un despertar del interés por bienes inmateriales e intangibles como la creatividad, la solidaridad, el conocimiento, la sabiduría y la alegría de vivir y convivir. A medida que la prosperidad material del siglo xx iba garantizando la satisfacción de las necesidades materiales (como la comida y el cobijo), se ha dado una tendencia natural hacia la satisfacción de necesidades no materiales (señalada por

investigadores como Ronald Inglehart y Roland Be-
nedikter) que incluye un creciente interés por encontrar un sentido a nuestra vida personal, por la participación, por la autorrealización y por todo lo que
el psicólogo Abraham Maslow llamaba metamotiva-
ciones. Por otra parte, un mundo sostenible no podrá
estar regido por el afán de posesiones materiales. El
colapso de las expectativas de crecimiento material
ilimitado ha mostrado que el materialismo no sólo
no era deseable, sino que ni siquiera era posible.

En un sentido más profundo y más decisivo, el
postmaterialismo implica la superación de dos creencias interrelacionadas: que lo único que existe es la
materia, y que hay una separación radical entre la psique humana y el mundo. Ambas creencias alcanza-
ron su apogeo en el siglo xx y siguen contando con
buenos divulgadores entre sus epígonos (Dawkins y
Dennet, por ejemplo). Y sin embargo han quedado
obsoletas para quienquiera que se atreva a tomarse
en serio las revelaciones no ya de los sabios de diversas épocas y culturas, sino de lo mejor de la ciencia
del siglo xx, tanto en el estudio de la mente humana
como de la realidad física (en ello profundizan los
capítulos 8 y 9).

El postmaterialismo apaga la sed materialista y
nos reconcilia con el mundo. La sociedad del futuro
será postmaterialista o no será.

26

EL SUTIL MOTOR DEL MUNDO

Una visión del mundo no es una simple manera de ver las cosas. Determina nuestros valores, dicta los criterios para nuestras acciones, impregna nuestra experiencia de lo que somos y hacemos.

Donella Meadows, principal autora del informe sobre *Los límites del crecimiento*, se levantó un día en una reunión sobre algún problema del mundo y escribió una lista de los lugares en los que es más efectivo intervenir para cambiar un sistema o un estado de cosas –una lista que se le ocurrió de repente mientras escuchaba aburrida las tímidas reformas que otros proponían. En su artículo «Places to Intervene in a System», Meadows explicaba que los cambios son más superficiales y menos efectivos en el nivel de los impuestos, subsidios y flujo de materiales (precisamente el nivel en el que trabajan las administraciones), mientras que son más profundos y más efectivos cuanto más tocan el paradigma o la mentalidad de fondo que les da sentido. Pues es de nuestras percepciones y creencias de donde brotan nuestros valores, nuestras actitudes y, en definitiva, nuestras acciones.

Otro mundo es posible si cambia nuestra visión del mundo. Por ejemplo en la ciencia.

27

CIENCIA INTUITIVA

Una de las obras más curiosas del pensamiento occidental, la *Ética* de Spinoza, distingue tres géneros de conocimiento: los dos primeros son los sentidos y la razón, el tercero, por encima de ellos, es lo que Spinoza llama *ciencia intuitiva*.

¿Es posible una ciencia intuitiva, una ciencia en la que lo racional no esté reñido con lo intuitivo ni con lo sensual? ¿Una ciencia que en vez de intentar someter a la naturaleza nos ayude a integrarnos en ella? ¿Una ciencia que en vez de desencantar el mundo lo reencante, conmoviéndonos e inspirándonos como hacen las buenas obras de arte?

Como señaló Emerson, la ciencia se origina en la percepción poética. La razón desempeña un papel esencial a la hora de recoger datos y clasificarlos, pero por sí sola poco o nada descubriría. Cuanto más genial es un descubrimiento, más desempeña en él la intuición («Demostramos con la lógica. Descubrimos con la intuición», decía el matemático Poincaré). La mejor ciencia es siempre ciencia intuitiva. Desde el «¡eureka!» de Arquímedes en la bañera, la ciencia siempre ha progresado a través de saltos que la lógica no sabría dar. Esos momentos de inspiración e intuición salpican las biografías de los grandes científicos y matemáticos: Kepler, Newton, Gauss, Poincaré, Einstein, Heisenberg, Bohm, Lovelock... A veces tales intuiciones llegan en forma de sueños, como el que en 1856 reveló a Kekulé la estructura molecular del anillo de benceno, el que llevó a Bohr al interior del átomo, o el que permitió a Frederick Banting descubrir la insulina y obtener el premio Nobel. Y no es que la ciencia intuitiva sólo aparezca en fugaces flechazos de inspiración: el revolucionario trabajo de la premio Nobel Barbara McClintock, que muestra cómo la organización de los genes es mucho más compleja e interdependiente de lo que hoy muchos científicos y empresarios querrían, se basó en gran medida en su habilidad para intuir lo que ocurre en el interior de la célula, hasta el punto de "viajar" a su interior.

La ciencia moderna se siente superior al arte, pero en culturas premodernas, la occidental incluida, el arte no ignoraba a la ciencia. En la filosofía griega conviven lo que hoy distinguiríamos como física y como poesía, *La divina comedia* se halla tan impregnada de astronomía como de teología y poesía, y la pintura en perspectiva del Renacimiento es hija de tratados de óptica. En tiempos más recientes, cuando ya la ciencia se había entronizado como la verdad por antonomasia, algunos artistas recurrieron también a ella. Así, Seurat se consideraba un científico del color, y después de la muerte del pintor fue un científico quien descubrió la distancia exacta desde la que los miles de puntos de sus cuadros cobran pleno significado. Y en el ámbito de la música, tanto Webern como Stockhausen basaron parte de sus composiciones en precisos modelos matemáticos.

Por otra parte, se ha señalado que a menudo el arte anticipa a la ciencia. Así, la geometrización del espacio que caracteriza a la Revolución Científica del siglo XVII ya se aprecia en la pintura en perspectiva que emerge a finales del siglo XIII. El espacio newtoniano (infinito, continuo, homogéneo, absoluto e isotrópico) ya se encuentra sistematizado en los tratados de Alberti y Durero. Del mismo modo, la ciencia moderna no empieza a dejar paso a otro tipo de ciencia (que podríamos llamar transmoderna) hasta, acaso, la teoría de la relatividad especial de 1905. Pero a partir de los años setenta del siglo XIX las premisas de la modernidad ya entran plenamente en crisis en la filosofía (Nietzsche), en la literatura (Mallarmé, Rimbaud) y en la pintura (Monet, van Gogh, Cézanne...). Una de las razones de tal anticipación del arte respecto a la ciencia podría ser el carácter acumulativo y sistemático de la ciencia, que gana en rigor lo que pierde en rapidez de reflejos. La intuición de algo nuevo puede impregnar al mismo tiempo al poeta y al físico, pero lo que el poeta tal vez exprese en breve puede requerir para el físico años o décadas de experimentación (el poeta, músico o pintor también experimenta durante años y décadas, pero a diferencia del físico suele mientras tanto ir creando obras).

Hace dos siglos, William Blake llamaba a las abstracciones de la ciencia enemigas de la imaginación (es decir, del arte) y lamentaba cómo la "cuádruple vision" humana (poética, sensual, visionaria y racional) iba quedando reducida a la "visión única" (meramente racional) de la ciencia. El buen arte, sabía Blake, nos permite *To see a World in a Grain of Sand / And a Heaven in a Wild Flower* (Ver un Mundo en un Grano de Arena / y un Cielo en una Flor Silvestre). La buena ciencia también podría hacerlo. Durante el siglo xx empezó a emerger un tipo de ciencia que nos ayuda a reconectar con la naturaleza y a redescubrir el asombro ante el mundo y la reverencia ante la vida. Esta nueva ciencia, transmoderna y holística, nos abre los sentidos a un mundo inesperadamente complejo y fascinante, un mundo que no es ya un máquina sino una red de intrincadas relaciones. En ella cabe incluir desde los desafíos a los presupuestos de la ciencia moderna que emergieron de la física cuántica (los procesos subatómicos resultan ser discontinuos, acausales, no-locales, interdependientes y no plenamente predecibles) y la relatividad (no hay puntos de referencia absolutos), a las recientes teorías del caos y la complejidad (la realidad es mucho más compleja, impredecible y, si se quiere, creativa, de lo que hasta hace poco se creía), pasando por la ciencia goetheana (que aplica un enfoque intuitivo al estudio de múltiples disciplinas, inspirándose en la a menudo ignorada e incomprendida ciencia de Goethe) y la teoría Gaia (que mues-

tra la profunda interrelación de todas las formas de
vida que hay entre la corteza terrestre y la atmósfera,
revelando a la Tierra como un enorme y asombroso
organismo). Esta nueva ciencia, que nos invita a participar en la realidad en vez de intentar controlarla,
abre brecha en los muros que hemos levantado entre el sujeto y el objeto, la cultura y la naturaleza, lo
racional y lo intuitivo, y permite así que la ciencia
pueda reconciliarse con el arte y con la naturaleza.

28

LA MODELO Y MAESTRA DE LEONARDO

Hay semillas del futuro que llevan siglos ahí, esperando.

Leonardo da Vinci, el gran genio del Renacimiento, modelo del *uomo universale*, fue también un genio científico. En sus cuadernos de notas, algunos de
los cuales aún no han sido suficientemente estudia-
dos, hallamos indicios de muchos desarrollos poste-
riores de la ciencia moderna. Pero su atención especial a las cualidades, al dinamismo y a la visión de
conjunto convierten a Leonardo en posible fuente
de inspiración para los nuevos enfoques holísticos
y postmaterialistas.

Vegetariano de mente omnívora, Leonardo se
adentró en todo tipo de ámbitos: pintura, escultura,

arquitectura, geografía, cartografía, mecánica, geometría, astronomía, anatomía, óptica, botánica... ¿De
dónde aprendía? Sobre todo, de la naturaleza. En los
cuadernos conservados en la biblioteca del castillo de
Windsor, Leonardo elogia las «obras maravillosas de la
naturaleza» *(opere mirabili della natura)* y escribe que
«nunca se encontrará invento más bello, más senci-
llo o más económico que los de la naturaleza, pues
en sus inventos nada falta y nada es superfluo».

Durante siglos poco se supo de los cuadernos
de Leonardo, miles de páginas con textos deliberada-
mente crípticos (escritos de derecha a izquierda, de
modo que hay que leerlos con un espejo) y decenas
de miles de dibujos y gráficos. De ellos surgió el *Tratado de pintura*, publicado en 1651 y único texto de
Leonardo en circulación antes del siglo xix. Esparci-
dos por Europa en colecciones privadas, los cuadernos fueron a menudo olvidados y más de la mitad
se han perdido –aunque alguno podría redescubrirse,
como los dos códices que amanecieron entre polvo-
rientos legajos en la Biblioteca Nacional de Madrid
en 1965. A partir de estos cuadernos Leonardo había
planeado publicar numerosos tratados que nunca
vieron la luz. Entre ellos había dos sobre matemáticas (más un apéndice lúdico, *La geometría como
juego*) y dos sobre anatomía (incluyendo un *Tratado sobre los nervios, los músculos, los tendones, las
membranas y los ligamentos*).

Las transformaciones cualitativas son una parte

esencial de la ciencia de Leonardo, que hoy resuena con los enfoques sistémicos y la teoría de la complejidad. Leonardo describió y dibujó a fondo los mecanismos del cuerpo humano, pero dejó claro que el cuerpo es mucho más que una máquina. Lejos de convertir el mundo en máquina, integró principios orgánicos y metabólicos en sus diseños arquitectónicos y urbanísticos. No vio el mundo regido por principios abstractos ni por Dios, sino por la incesante creatividad de la naturaleza. Encontró ritmos ondulatorios comunes en el agua, la tierra, el aire y la luz, y reflejó la interdependencia y autorganización que caracterizan a todo lo vivo.

Los cuadernos de Leonardo muestran que descubrió la aceleración de los cuerpos en caída libre y el seno frontal en el cuerpo humano, inauguró la dendrocronología (datación a partir de los anillos de la madera), anticipó la dinámica de fluidos y la explicación goetheana de por qué el cielo es azul, intuyó la circulación de la sangre y la evolución geológica, constató la tercera ley de Newton... Galileo, Harvey y Linneo desarrollaron sus teorías sin sospechar que algunos de sus hallazgos estaban ya descritos y dibujados en los cuadernos de Leonardo. En las últimas décadas la anatomía y la botánica de Leonardo han sido estudiadas a fondo, pero otras áreas de su trabajo científico siguen esperando la atenta mirada de los investigadores –así, sus estudios geológicos y sobre dinámica de fluidos.

En sus estudios sobre el dinamismo y la forma, con su extraordinaria capacidad de observar en profundidad y dibujar con precisión, Leonardo refleja resonancias entre fenómenos y procesos aparentemente inconexos. Con ello se anticipaba al científico sistémico Gregory Bateson, incansable buscador de *patterns* (patrones, pautas, ritmos) comunes a las cosas. En su último libro, *Mind and Nature*, Bateson preguntaba: «¿Cuál es el *pattern* que conecta al cangrejo con la langosta, a la orquídea con la prímula y a todos ellos conmigo? ¿Y a mí contigo?».

Toda la biología, escribió el genetista C.H. Waddington, «tiene su origen en el estudio de la forma». Pero hoy todavía no acabamos de entender cómo se originan las formas de los organismos. Una obra muy difundida del genetista Sean Carroll, *Endless Forms Most Beautiful*, se propone precisamente explicar la complejidad de las formas biológicas visibles mediante lo que es simple e invisible. Sin embargo, y a pesar de formular ingeniosos mecanismos genéticos, no puede explicar la verdadera complejidad de estas formas y sólo consigue aproximarse verdaderamente a ellas a través de metáforas artísticas (por ejemplo, refiriéndose repetidamente a cómo el organismo es "esculpido" [*sculpted*] por los genes y proteínas). La forma, intrínsecamente cualitativa, no se deja reducir a enfoques puramente cuantitativos. Hemos aprendido mucho a través de la especialización, pero hoy las fronteras entre arte, ciencia y pensamiento parecen llamadas a hacerse muchos más permeables. Y aquí Leonardo puede enseñarnos alguna cosa.

Leonardo tenía, como señaló Gombrich, un «apetito voraz de detalles». Dominaba y admiraba la geometría, pero para él la complejidad de la naturaleza no podía reducirse a cifras y análisis mecánicos. Un siglo más tarde, sin embargo, Galileo y Descartes afirmarán que sólo es real lo que puede ser medido. Ello ha permitido hacer avanzar el tipo de análisis preciso que asociamos con la ciencia moderna. pero también ha creado un vacío: todo aquello que es cualitativo no existe para la ciencia, y queda reducido a epifenómenos de elementos cuantificables. El filósofo Edmund Husserl afirmó hacia el final de su vida que lo que él llamaba "ciencia galileana" (basada en reducir lo real a lo que es cuantificable) nos ha llevado al «eclipse casi total del mundo vital» y a la «pérdida del sentido de la ciencia para la vida». Tal vez la "ciencia galileana" nos ha llevado ya suficientemente lejos y ahora necesitamos una ciencia más "leonardiana", una ciencia que sin dejar de aprovechar el poder de la cuantificación muestre un genuino interés por lo que es dinámico y cualitativo. En este sentido, la ciencia postmaterialista podría estar más en la órbita de Leonardo que de Galileo. Y si Galileo representa muy bien el tipo de inteligencia que hasta ahora teníamos como modelo (la capacidad lógico-matemática), podemos empezar a comprender la inteligencia polivalente y omniabarcante de Leonardo con las nuevas teorías sobre inteligencias múltiples. De hecho, Leonardo sobresalía en cada uno de los cinco tipos de mente o inteligencia que en la actualidad Howard Gardner recomienda desarrollar: disciplinada, sintetizadora, creativa, respetuosa y ética.

¿Cómo es posible Leonardo? En él encontramos vestigios de Galileo y de Newton, de Vesalio y de Harvey, de Linneo y de Goethe, de Bateson y de Fritjof Capra. Como si Leonardo fuera un microcosmos de las generaciones que lo habían de suceder, una síntesis premoderna de la cultura moderna, una mente intemporal que ya hubiera visto mucho de lo que ahora, en el siglo XXI, empezamos a entrever. ¿Aluden a ese saber intemporal las sonrisas serenas y enigmáticas de sus últimos cuadros? Tal vez. En cualquier caso, hoy Leonardo nos ayuda a afinar la percepción cualitativa y holística que requiere la complejidad y la belleza del mundo.

29

SOMOS AGUA

Sine aqua non. Sin agua nada fluye y nada vive: sólo habría tierra yerma y cielos sin arco iris.

La vida emergió del mar y nosotros nacemos de

las aguas primordiales del útero. Nuestro cuerpo es agua en un 70%, proporción que llega al 80% en la sangre y al 90% en el cerebro –océano interior sobre cuyas corrientes fluye el pensamiento y navega la imaginación. Nuestras células y nuestra sangre son químicamente hermanas del mar, como lo son las lágrimas. «Somos agua que piensa y que, a veces, llora», escribe Joaquín Araújo. Nuestros ojos también son agua, que refleja lo que ve, y los manantiales de la Tierra son ojos que miran al mundo (Ojos del Guadiana, Ulldeter). La piel del cuerpo que llamamos Tierra es en su mayor parte mar.

El agua fue maestra de Tales y Heráclito, de Lao Zi y del Siddharta de Hermann Hesse. Goethe, Novalis y Hegel también percibieron algo insólito en las aguas. Para aprender a fluir, el agua es la mejor maestra.

El agua está en el origen del mundo en casi todos los mitos de la creación. En el *Enuma Elish* babilonio y el *Génesis* hebreo se crea el firmamento tras dividir las aguas primordiales que constituían el mundo. En la *Ilíada* Homero llama al Océano «génesis de todo», y un antiguo texto hindú afirma igualmente que las aguas son «fuente de todas las cosas y de toda existencia». Como Afrodita, que surgió del mar, las grandes corrientes culturales crecieron junto a las aguas. Sería imposible concebir la cultura china sin el Río Amarillo y el Yangtsé, o imaginar a la cultura índica sin el Indo y el Ganges, Mesopotamia sin los ríos que la abrazaban, Egipto sin el Nilo o Grecia sin el Egeo.

Leonardo da Vinci inició un *Tratado sobre el agua* afirmando que ésta es la sangre de la Tierra; de hecho, la sangre es a nuestro sistema circulatorio lo que el agua es al gran sistema circulatorio de la biosfera. Todo fluye, y sobre todo el agua. El agua que hoy se evapora cae como lluvia en otro lugar en unos diez días, en un ciclo que cada tres milenios hace circular por la atmósfera un volumen de agua equivalente al de todos los océanos. El agua circula y tiende a lo circular: la gota quiere ser esférica, el estanque responde a la piedra con ondas concéntricas, los remolinos fluyen en espiral, los meandros, calas, bahías y golfos labran curvas y semicírculos. El agua transporta nutrientes, lubrica las transformaciones químicas y geológicas, se regenera a sí misma al fluir, revitaliza, purifica y nos devuelve a lo primigenio. Simboliza también la abundancia, palabra en cuya raíz está la ola (*unda* en latín) que colma e inunda. El capital sólo es efectivo cuando hay liquidez.

Durante siglos hemos buscado certezas monolíticas y verdades a secas, pero como argumenta Zygmunt Bauman hoy las instituciones, los empleos y hasta el amor son cada vez más líquidos: fluidos y en cambio constante. Y se da la paradoja de que esta sociedad líquida enturbia como nunca las aguas. O las hace retroceder: en los glaciares y en los polos, en el lago Chad y el mar de Aral. «El desierto crece:

¡ay de aquel que cobija desiertos!», hacía decir Nietzsche a Zaratustra. Cuando dejan de manar las fuentes, la cultura se estanca y la vida se agota.

Al abrir un grifo, contemplar la lluvia o entrar
en el mar participamos en algo cuya comprensión
nos desborda. Y es que el agua sigue siendo un gran
enigma para la ciencia. El agua es la sustancia más
común en la biosfera y en el organismo humano,
pero también es la más insólita, con una serie de
propiedades únicas ("anómalas" según los científicos) sin las cuales la vida sería química y físicamente
imposible. Cuando el agua se congela se expande y
se vuelve menos densa (alcanza su mayor densidad
a 4° C); de no ser así, el hielo en vez de flotar se
hundiría y se extendería por el fondo marino, deján-
dolo sin vida. El hielo asombra por sus propiedades
deslizantes y por su viscosidad (podemos hacer bolas de nieve pero no bolas de arena). Y cuando se
comprime cristaliza en un mínimo de doce estructuras (del hielo 1 al hielo 12) con propiedades distintas.
El agua tiene puntos de fusión y ebullición insóli-
tamente altos, y se calienta y se enfría mucho más
lentamente que la mayoría de las sustancias conoci-
das, líquidas o sólidas. Es muy corrosiva y lo disuelve
casi todo. A nivel molecular está mucho más estruc-
turada que la mayoría de los líquidos, semejante a
un cristal. Los copos de nieve tienen (casi siempre)
seis ramificaciones más o menos idénticas, pero cada
copo presenta un diseño distinto: cada nevada es

un derroche de creatividad geométrica. Otra curiosidad: los geólogos empiezan a creer que en el interior de la Tierra, en las estructuras cristalinas del manto, hay enormes cantidades de agua, suficiente como para llenar todos los océanos treinta veces.

Tan escurridiza es el agua que su molécula no se deja simular con precisión en el ordenador. Tampoco es posible reproducir el agua de mar en el laboratorio. Y contra lo que cabría esperar, dos corrientes que confluyen tienden a no mezclarse y a mantener su propio curso, incluso en el fondo oceánico.

No sería posible predecir el agua a partir de todo lo que sabemos sobre el hidrógeno y el oxígeno. Tal vez decir que el agua es H_2O se queda tan corto como decir que el ser humano es básicamente carbono, hidrógeno, oxígeno y nitrógeno. Ivan Illich afirmaba que H_2O es una creación social moderna y lo contrario del agua propiamente dicha. Una reflexión poética de D.H. Lawrence señala que

Water is H_2O, hydrogen two parts, oxygen one,
but there is also a third thing, that makes it water
and nobody knows what that is.

El agua es H_2O, dos partes de hidrógeno, una de oxígeno, pero hay también una tercera cosa que la hace agua y nadie sabe qué es.

Desde que Lawrence escribió estas líneas, estudios en los márgenes de la ciencia han aportado pistas sobre esa "tercera cosa": desde los trabajos de Viktor Schauberger y Theodor Schwenk hasta los más recientes de Jacques Benveniste (quien publicó en la revista *Nature* en 1988 un artículo que parecía demostrar la "memoria del agua", fundamento de la homeopatía), Alexander Lauterwasser (que ha documentado cómo el agua responde a las ondas sonoras) y Masaru Emoto (sobre la posible receptividad del agua a los mensajes de su entorno). Algún día, es de esperar, conoceremos mejor el agua –y todo fluirá mejor.

Naciones Unidas ha declarado el periodo 2005-2015 como Decenio Internacional del Agua para la Vida. Los desafíos globales del agua nos piden un cambio de paradigma en nuestra manera de relacionarnos con ella. Parte de ese cambio de paradigma es reconocer que el agua no sólo sacia la sed de bocas y plantas. El agua es mucho más que un recurso: es parte de lo que somos. «La vida es agua organizada», decía Jacques Cousteau. Y cada ser que vive y bebe es una ola que fluye en los inagotables ciclos del agua: tan ignorada, íntima e insólita.

7. LA GRAN TRANSICIÓN

Sé el cambio que quieres ver en el mundo.

G<small>ANDHI</small>

30

N<small>UEVOS</small> <small>VALORES</small> <small>PARA</small> <small>UN</small> <small>MUNDO</small> <small>NUEVO</small>

Vivimos en un mundo interdependiente. Si el ámbito de experiencia de la mayoría de nuestros antepasados no iba más allá de la comunidad local, hoy nos afecta lo que ocurre en lugares remotos y nuestras acciones tienen también repercusiones globales. Disciplinas tan dispares como la física cuántica, la ecología y la geopolítica confirman día a día la interdependencia de realidades que hasta hace poco veíamos como separadas. Simultáneamente, a la vez que la economía, la experiencia y el conocimiento expanden su marco parece también expandirse lo que podríamos llamar nuestro *horizonte ético*: el horizonte que abarca a todos aquellos que identificamos como nuestros semejantes.

En la antigua Atenas el horizonte ético sólo abarcaba a los hombres libres allí nacidos: mujeres, esclavos y forasteros no eran ciudadanos de pleno derecho. Cuando, a finales del siglo XVIII, Mary Wollstonecraft publicó un ensayo defendiendo la igualdad de derechos de la mujer, un irritado varón replicó que si las mujeres habían de tener derechos también podrían tenerlos los animales. En las últimas décadas han cobrado fuerza iniciativas que aspiran a ampliar el horizonte ético más allá de lo humano, afirmando nuestra responsabilidad hacia los animales, los ecosistemas o la Tierra entera. Ya en 1975, el filósofo australiano Peter Singer daba alas al movimiento por los derechos de los animales con su clásico *Animal liberation*. En Francia, Michel Serres planteó considerar el mundo como sujeto de derecho en *Le contrat naturel*, mientras que Bruno Latour propuso un "parlamento" de la naturaleza en *Politiques de la nature*.

Una sociedad postmaterialista seguiría el *principio de responsabilidad* de Hans Jonas: «Actúa de manera que los efectos de tu acción sean compatibles con la permanencia de una vida genuinamente humana en la Tierra». Y ampliaría este principio de responsabilidad para salvaguardar no sólo la vida genuinamente humana sino, en la medida de lo posible, la vida de las otras especies con las que compartimos la Tierra. De hecho, la permanencia de una vida genuinamente humana es incompatible con la pérdida de biodiversidad y con la degradación actual de los ecosistemas terrestres y marinos. Nuestra

economía insostenible, además de generar desigualdades sociales y cambio climático, también contribuye a la extinción *diaria* de (según diversas esti-
maciones) entre 50 y 200 especies, muchas de ellas
todavía no clasificadas por los científicos. Se trata
de un ritmo de extinción mil veces superior al que
ha habido en los últimos millones de años. De hecho, se considera que estamos desencadenando "la
sexta extinción" (la quinta, provocada según el con-
senso científico por un asteroide que habría impac-
tado contra la Tierra, es la que se llevó consigo a los
dinosaurios hace más de 60 millones de años; en
nuestro caso, sin embargo, el impacto devastador
procede de nuestro estilo de vida materialista). No
hay garantía de que esta sexta extinción no hubiera
de acabar también con nosotros. Porque la continuidad de la vida humana implica la continuidad de la
vida silvestre. Como escribió a mediados del siglo XIX
uno de los pioneros del ecologismo norteamericano,
Henry David Thoreau, «in Wildness is the preserva-
tion of the World» (en la naturaleza silvestre radica la
conservación del mundo).

    La nueva Constitución que Ecuador ratificó en
2008 bajo el lema «Dejemos el pasado atrás» reconoce explícitamente los derechos de la naturaleza. Ya
en su «Preámbulo» dicha Constitución afirma la cele-
bración de «la naturaleza, la Pacha Mama, de la que
somos parte y que es vital para nuestra existencia...».
Cuatro de sus artículos se refieren en detalle a los

derechos de la naturaleza, entre ellos el artículo 71, que empieza declarando que «La naturaleza o Pacha Mama, donde se reproduce y realiza la vida, tiene derecho a que se respete integralmente su existencia y el mantenimiento y regeneración de sus ciclos vitales, estructura, funciones y procesos evolutivos». Es la primera vez que los derechos de la naturaleza son reconocidos en una Constitución. O mejor dicho, en una Constitución moderna, pues ya estaban reconocidos en la Gayanashagowa o Constitución oral de los indios iroqueses, en la Norteamérica de hace mil años. La Gayanashagowa incluye, por ejemplo, la sostenibilidad intergeneracional, expresada mediante el criterio de la séptima generación: ten en cuenta las repercusiones de tus actos en la séptima generación que caminará tras tus pasos, es decir, en los tataranietos de tus bisnietos. De hecho, la mayoría de los pueblos indígenas, con pocos datos y mucha intuición, sabían de sostenibilidad más que nosotros.

31

La Carta de la Tierra

Por más que queda mucho por hacer para que la Declaración Universal de los Derechos Humanos sea algo más que una declaración, esta Carta Magna aprobada en 1948 refleja presupuestos culturales que hoy empiezan a ser obsoletos. Si ignoramos una breve mención de la necesidad de alimentación y vivienda, el grueso de la Declaración Universal de los Derechos Humanos podría aplicarse perfectamente a seres virtuales que no vivieran en la Tierra ni en ningún otro espacio físico. El "individuo" que la Declaración describe es un ser acósmico, huérfano de naturaleza, que parece vivir sin aire ni agua y cuya única relación con el mundo es el derecho a la propiedad («individual o colectivamente», según establece el artículo 17.1).

Pero la conciencia de que los humanos somos parte de la Tierra empezó paulatinamente a abrirse paso en las conferencias internacionales. Quince años después de la primera cumbre mundial sobre Medio Ambiente y Desarrollo, celebrada en 1972 en Estocolmo, en 1987 el llamado «informe Brundtland», *Nuestro futuro común*, puso en circulación los conceptos de sostenibilidad y desarrollo sostenible: un mundo sostenible es aquel que permite satisfacer las necesidades de las generaciones actuales sin mermar la capacidad de las generaciones futuras para satisfacer sus propias necesidades. En aquel mismo año, 1987, la Comisión de Medio Ambiente y Desarrollo de Naciones Unidas pidió la elaboración de una nueva Carta Magna que pusiera al día nuestros principios éticos y sentara los principios de una sociedad sostenible. Ello dio lugar, durante más de diez años, al proceso de consulta más abierto y participativo que jamás haya generado una declaración internacional. Aportaron propuestas y revisiones cientos de organizaciones de la sociedad civil y miles de personas de todo el mundo, procedentes de ámbitos como la política (Mikhail Gorbachev), la empresa (Maurice Strong) y la universidad (Steven Rockefeller, Mary Evelyn Tucker). En junio del año 2000 se presentó oficialmente en La Haya el texto final de la *Earth Charter* o Carta de la Tierra, bajo los auspicios de la reina Beatriz de Holanda. Desde entonces, el texto ha ido recibiendo el apoyo de miles de organizaciones de todos los ámbitos y, mientras se espera que sea aprobado por Naciones Unidas, cuenta ya con el apoyo de su brazo cultural y educativo, la UNESCO.

La Carta de la Tierra refleja un cambio de sensibilidad que parece estar amaneciendo, sigilosamente, bajo el estruendo de las guerras e injusticias contemporáneas. Como señala su texto, hoy «estamos en un momento crítico de la historia de la Tierra», necesitamos transformar profundamente «nuestros valores, instituciones y formas de vida», y nos toca aprender a vivir «con reverencia ante el misterio del ser, con gratitud por el regalo de la vida y con humildad con respecto al lugar que ocupa el ser humano en la naturaleza».

32

La naturaleza, líder en diseño
y tecnología

La mentalidad materialista veía en la naturaleza un errático almacén de recursos y creía que las innovaciones tecnológicas eclipsan cualquier prodigio que pudiera atribuirse al mundo natural. En gran medida, la civilización se desarrolló a través de un progresivo aislamiento respecto a la naturaleza y sus ciclos, para acabar soñando con paraísos artificiales (de plástico o virtuales) en los que la naturaleza quedaría por fin superada y relegada al olvido. Pero una mirada más sensata y más sutil descubre que la verdadera tecnología punta de nuestro mundo es la que diseña la propia naturaleza, con miles de ciclos perfectamente coordinados en los que todo se autorregula, nada se pierde y todo se recicla –ciclos que hacen posible la vida en condiciones extremas, de selvas a desiertos. La naturaleza consigue prodigios a temperatura ambiente usando un mínimo de la energía que usamos nosotros y sin generar residuos tóxicos. No hay empresa de diseño y tecnología más limpia, eficaz, sorprendente e instructiva. Así, por ejemplo, el hilo de la tela que teje la araña es, en relación a su peso, tres veces más resistente que el acero –y mucho más flexible.

La naturaleza recicla una y otra vez todos los materiales que utiliza. Dieter Teufel, del Instituto de Medio Ambiente y Prognosis de Heidelberg, calculó que el carbono que hay en nuestro cuerpo, en nuestros alimentos, en el aire y en las rocas calizas ya ha formado parte unas 600 veces de otros organismos en el proceso de evolución de la vida. Del mismo modo, según los modelos de ordenador de Teufel, el nitrógeno que hay sobre la Tierra ya ha pasado a formar parte del organismo de los seres vivos y ha sido eliminado de ellos unas 800 veces; el azufre 300 veces, el fósforo 8.000 veces, el potasio 2.000 veces, y así sucesivamente.

A partir de la constatación de que «la naturaleza no conoce el concepto de residuo» (lo que no es deseable para un organismo nutre a organismos de otra especie u otro reino) y de que sólo los humanos somos «capaces de producir cosas que nadie quiere», Gunter Pauli fundó en los años noventa la iniciativa ZERI, que busca aplicar a las actividades humanas el modelo de los ciclos naturales. Un ejemplo de esta integración de actividades lo proporciona el cultivo de café biológico en los países tropicales: la sombra que requiere el café se obtiene con árboles frutales, el control de plagas y la prevención de la erosión se pueden conseguir cultivando en la misma parcela diversos tipos de plantas medicinales, y los residuos orgánicos del café resultan ser un excelente substrato para el cultivo de setas comestibles. Con ello se gana simultáneamente en rentabilidad y sostenibilidad.

En los años noventa del siglo pasado, Janine Benyus popularizó el concepto de *biomímesis* (del griego *mimesis*, "imitar"). Se trata de que nuestros diseños y tecnologías imiten y aprendan conscientemente de la naturaleza. Por ejemplo el Eastgate Centre, un moderno edificio de oficinas en Harare (Zimbabue), consigue temperaturas agradables sin aire acondicionado –con enormes beneficios económicos y ecológicos– al aplicar un modelo de circulación de aire frío y caliente aprendido de los termiteros. Un ingeniero suizo, tras estudiar los pequeños y enmarañados ganchos de un tipo de cardo que se adhería a su ropa al caminar por los Alpes, inventó hace más de medio siglo el velcro con el que hoy muchos de nosotros abrochamos las sandalias. Otros diseñadores se han fijado en el hecho de que la flor de loto, símbolo de pureza en Oriente, es capaz de surgir lustrosa e impecable de aguas cenagosas: ello es debido a que las microestructuras de su superficie hacen que las gotas de agua la dejen perfectamente limpia al pasar. A partir de ahí se han concebido pinturas y superficies que incorporan la capacidad de limpiarse solas a fondo con una simple lluvia. La naturaleza se convierte de este modo en sofisticada maestra y modelo de innovación. No en vano cuenta con una experiencia de miles de millones de años de I+D.

33

Reinventar

El arquitecto William McDonough aspira a diseñar
edificios que sean como un árbol y ciudades que
sean como un bosque (nada fácil, pero su proyecto para la ciudad china de Liuzhou da más de un
paso en esa dirección). Como señala McDonough,
¿qué podría superar la eficiencia y elegancia de un
árbol, que produce oxígeno y azúcares complejos,
absorbe dióxido de carbono, fija nitrógeno, acumu-
la energía solar, destila agua, crea un microclima,
cambia de color con las estaciones y se reproduce
solo? McDonough y Braungart, autores del *best se-
ller* del diseño *Cradle to cradle*, proponen no sólo
crear vehículos con emisiones cero, sino diseñar
vehículos que generen emisiones *positivas* y efectos beneficiosos para el ecosistema (por ejemplo,
con neumáticos que capturaran sustancias nocivas
del aire). Casi imposible, aunque los tiempos no
están para menos. McDonough y Braungart afirman
que si el diseño prestara atención al conjunto de la
red de la vida, no sólo a los humanos, su propósito cambiaría radicalmente. Y plantean una pregunta y una propuesta a arquitectos, ingenieros y
diseñadores: «¿Cómo podemos amar a los hijos de
todas las especies –no sólo los nuestros– para siempre? Imagina cómo sería un mundo de prosperidad

y salud en el futuro, y empieza a diseñarlo ahora mismo».

No se trata únicamente de diseñar nuevos productos y sistemas. Nuestro reto es mucho más amplio: rediseñar el mundo, reinventar casi todo lo que somos y hacemos.

34

INTELIGENCIA ECOLÓGICA

Necesitamos desarrollar nuevas formas de productividad que aúnen la eficacia con la responsabilidad ética y ecológica. El psicólogo Daniel Goleman define la inteligencia ecológica como la «capacidad de percibir conexiones entre las actividades humanas y todas sus consecuencias en los sistemas naturales y sociales». En los últimos cien años hemos inventado decenas de miles de compuestos tóxicos, que están presentes en cada pasillo del hipermercado. Todavía no existe ningún producto industrial que sea plenamente ecológico. Es de esperar que, como cree Goleman, del «cuanto más barato mejor» del siglo xx pronto pasaremos a valores más propios de una sociedad despierta: «más sostenible es mejor, más sano es mejor y más humano también es mejor». Este cambio de paradigma productivo requiere una especie de *glasnost* ecológica: una *transparencia ra-*

dical que permita conocer realmente el impacto ambiental de los productos que nos rodean y que nos haga más conscientes del contexto y las consecuencias de lo que hacemos.

La inteligencia ecológica, además de su dimensión cognitiva, requiere empatía con la diversidad de la vida y una actitud positiva en la construcción de una cultura en la que, cada vez más, inteligente y ecológico tenderán a ser sinónimos. Con ella participamos en la sabia elegancia de un mundo más amplio.

35

Felicidad Interior Bruta

Para la mentalidad materialista el Producto Interior Bruto es la medida más fiable del progreso de un país. Pero el PIB sólo mide transacciones económicas y poco o nada sabe del verdadero bienestar de las personas. Desde hace unas décadas existen indicadores de progreso menos reduccionistas, que miden el bienestar no sólo a través del flujo de dinero. Entre ellos destacan el Índice de Desarrollo Humano de Naciones Unidas (HDI por sus siglas en inglés), que combina el poder adquisitivo con el nivel de alfabetización y la esperanza de vida; el Índice de Bienestar Económico Sostenible (ISEW), que incorpora factores ecológicos y muestra un deterioro del bienestar en Estados Unidos ya desde 1979, pese al crecimiento de su economía; o el Indicador de Progreso Genuino (GPI), que incorpora al balance positivo el trabajo doméstico y voluntario y la distribución equitativa de la riqueza, a la vez que descuenta lo gastado en litigios y accidentes, en la prevención del crimen, la reparación de daños y en paliar la contaminación ambiental. Hay también, sin embargo, una alternativa más profunda al Producto Interior Bruto –y no surgió de los ordenadores de una prestigiosa institución académica, sino de los tranquilos valles de un enclave budista en el corazón del Himalaya: Bhután (el país más feliz de su región según el Happy Planet Index). Se trata de la *Gross National Happiness* (GNH) o Felicidad Interior Bruta. En una de sus versiones más sofisticadas este indicador combina siete ámbitos de bienestar: físico, mental, ambiental, laboral, económico, político y social.

La psicología budista identifica tradicionalmente tres venenos que emponzoñan nuestras vidas: la codicia, la hostilidad y la ignorancia (no en el sentido de falta de información, sino de confusión mental y de no querer ver las cosas tal como son). Estos tres venenos han crecido en el mundo materialista hasta el punto de que hoy se hallan institucionalizados en nuestros sistemas económico, militar y mediático, respectivamente. La tradición budista constata que sus antídotos son la generosidad, la solidaridad

y la sabiduría. Un progreso en la generosidad, solidaridad y sabiduría ciertamente contribuiría a la felicidad interior bruta –y nos llevaría de una sociedad materialista basada en el crecimiento económico
a una sociedad postmaterialista basada en el crecimiento vital.

El anhelo de lo ilimitado forma parte de la condición humana. Porque en el fondo, más allá de los
límites que impone la materia, somos intrínsecamente ilimitados –y lo sabemos. Buscábamos lo ilimitado en lo material, donde precisamente no puede
hallarse.

36

LA GENEROSIDAD REGENERA

El autor norteamericano Paul Hawken estima que
hay en el mundo un millón de organizaciones no
gubernamentales que hoy trabajan en favor de la
ecología, la justicia social, los derechos indígenas y
otras causas encaminadas al bien común. Se trata de
una revolución global y casi silenciosa. Algunos ana-
listas de tendencias afirman que está emergiendo en
la actualidad una *generación G* (de generosidad, no
de *greed* o de gula): personas mucho más dedicadas
a la responsabilidad social y ecológica que al propio beneficio. Por más que los ideales competitivos

dominen nuestra visión de la economía, del deporte y de la vida, la ciencia revela cada vez más que somos seres sociales y estamos diseñados para relacionarnos, cooperar y ayudar.

La mayor enciclopedia que existe hoy en el mundo, la Wikipedia, con millones de páginas en inglés y versiones en más de doscientos idiomas, crece prácticamente sola con la aportación altruista de millones de usuarios. Y por cada egoísta que altera con mala fe una página hay docenas de personas que de modo altruista la corrigen y enriquecen. En el fondo, el altruismo es una fuente de riqueza: cuanto más te entregas, más te llega. Como afirma el doctor Jorge Carvajal, uno es rico en la medida en que da y pobre en la medida en que retiene: «Si en el mundo de hoy tú tienes excedentes no dedicados al servicio, no dedicados a reivindicar la naturaleza... o a construir una nueva humanidad, así de pobre eres, eres tan pobre como lo que te sobra».

El mundo postmaterialista reflejará los valores éticos y espirituales que se han expresado desde siempre en las mejores tradiciones humanas, orientándose hacia la generosidad, la solidaridad y la sabiduría, y fomentando una actitud de asombro y reverencia ante la belleza y la magia del mundo. En dicha dirección va la nueva cuenta de resultados (*new bottom line*) que desde finales del siglo xx predica el rabino californiano Michael Lerner: nuestras instituciones, empresas, escuelas y universidades, nuestro sistema legislativo y nuestras acciones personales «deberían considerarse eficientes, racionales y productivas no sólo en la medida en que fomentan el bienestar material, sino también en la medida en que fomentan el amor y la generosidad, el cuidar a los demás, la sensibilidad ética y ecológica y nuestra capacidad de responder al universo con asombro, maravilla y admiración radical ante la majestuosidad de la creación». La mayor transformación de nuestra época es la que ha de ocurrir en el corazón humano, la mayor fuente conocida de energía limpia y renovable.

8. REDES DE RELACIONES

Cuando miro mi interior y veo que no soy nada, eso es sabiduría. Cuando miro fuera y veo que lo soy todo, eso es amor. Entre ambos gira mi vida.

NISARGADATTA

37

EL FINAL DEL EXILIO INTERIOR

Hace veinticinco siglos, Hipócrates ya distinguía entre buenas y malas *krisis* en la evolución de sus pacientes. Padre de la medicina (y especialmente de la medicina natural), Hipócrates era también muy consciente de lo que hoy podríamos llamar la dimensión ecológica de la salud. En su obra *Aires, aguas y lugares* explica que para entender las aflicciones de una persona hay que estudiar el entorno en el que vive: el clima, la humedad, los vientos predominantes; el tipo de agua; los ritmos del día y de las estaciones; la vegetación y el paisaje. Para la mayoría de las culturas premodernas, el hecho de que somos parte de nuestro entorno era tan claro como el agua que bebían. Pero a través de los siglos hemos ido forjando nuestra identidad a costa de separarnos de la naturaleza y desarraigarnos del cosmos.

Crecimos a costa de exiliarnos del mundo, y para adaptarnos a ese exilio inventamos la psicología. Hoy la psicología atiende a nuestros problemas interiores mientras otros especialistas atienden a los problemas ambientales y sociales. El caso es que tanto nuestra salud interior como exterior dejan mucho que desear. James Hillman (entre cuyos títulos hay uno muy expresivo: *Llevamos cien años de psicoterapia y el mundo está cada vez peor*) atribuye parte de nuestros males al excesivo mirarse el ombligo que la psicología ha impulsado. Hillman señala que «la cuestión clave de toda psicología es: *¿Dónde está el "yo"? ¿Dónde empieza el "yo"? ¿Dónde acaba?*». Y su respuesta es que «los niveles más profundos de la psique se funden con el cuerpo biológico (Freud) y con la corporeidad del mundo (Jung)».

Carl Jung señaló que bajo las avenidas de la conciencia, en las profundidades de nuestra psique, existe una selva: «la llamamos inconsciente porque no podemos controlarla totalmente... El inconsciente colectivo es una gran región selvática en la que podemos entrar en contacto con las fuentes de la vida». Según Jung, en sus estratos más profundos la psique pierde «su singularidad individual... Por eso, "muy abajo", la psique es "mundo"». En el fondo, lo interior y lo exterior se reflejan mutuamente.

Para remediar el divorcio entre nuestro mundo interior y nuestro mundo exterior nació a principios de los noventa la ecopsicología, punto de encuentro entre psicólogos y ecologistas conscientes de que la salud de nuestra mente y la salud del planeta son dos caras de una misma moneda. La ecopsicología no es psicología ambiental, una disciplina más convencional que estudia el efecto de diversos factores ambientales sobre el bienestar individual. Theodore Roszak, que acuñó el término "ecopsicología" en su libro *The Voice of the Earth* (1992), dice, parafraseando a Schumacher, que es «una psicología como si el mundo entero importara». John Seed la describe como «una psicología al servicio de la Tierra». La ecopsicología es una disciplina en su infancia, con mucho que explorar y descubrir, y sin un cuerpo establecido de reglas y prácticas. Carece de una definición clara, más allá de la intuición de que la salud personal y la salud planetaria son indisociables. Como escribía Roszak hace un cuarto de siglo: «las necesidades del planeta son las necesidades de la persona, los derechos de la persona son los derechos del planeta».

La ecopsicología, por un lado, explora nuestra separación del mundo natural y, por otro, intenta reconectarnos a la naturaleza, rescatarnos del exilio en nuestras pequeñas mentes y devolvernos a nuestro verdadero hogar: el mundo. En su vertiente más práctica intenta sacar a la psicoterapia de su enclaustramiento entre paredes urbanas e insuflar aire fresco en los rincones estancados de nuestra psique. La herramienta más típica de la ecopsicología son los viajes de inmersión en la naturaleza, aunque, de hecho, toda actividad que nos ayude a reconectar con nuestro cuerpo y con la naturaleza contribuye, de un modo u otro, a nuestra salud ecopsicológica.

En otra vertiente, la ecopsicología ayuda a afrontar nuestras ansiedades con respecto a la destrucción de la naturaleza y la extinción de especies. Un ejemplo es el *Council of All Beings*, ritual de catarsis en grupo desarrollado por Joanna Macy y John Seed en el que cada participante escoge representar a una especie o aspecto de la naturaleza y cuenta al grupo lo que esa especie siente ante la destrucción que los humanos estamos causando. Años atrás, Joanna Macy había explicado a una psicoterapeuta su desolación ante la irreversible destrucción de bosques primigenios, y la respuesta que obtuvo fue que las excavadoras de sus pesadillas representaban su libido y que su angustia procedía del miedo ante su propia sexualidad. Joanna no tardó en darse cuenta de que la psicoterapia convencional, como la mayor parte de nuestra sociedad, vive en una especie de autismo ante el estado del mundo.

38

INTELIGENCIAS MÚLTIPLES

La inteligencia se consideraba hasta hace poco como una locomotora de vía única, centrada en la capacidad de calcular. Y se creía que, con pruebas de papel y lápiz y poco más, se podía medir fácilmente –como quien mide una ventana. Esta idea lineal de la inteligencia empezó a quedar obsoleta en los años ochenta gracias a Howard Gardner y su teoría de las «inteligencias múltiples», que todos disfrutamos en proporciones distintas. Gardner distingue en la actualidad nueve tipos de inteligencia: lógico-matemática (Newton, Einstein), lingüística (Nietzsche, Neruda), visual-espacial (Gaudí, Picasso), audiomusical (Bach, Beethoven), cinestésica (Messi, Nadal), naturalista (la persona indígena que conoce todos los cambiantes detalles de su entorno), existencial (Unamuno, Camus), intrapersonal (Jung, Hillman) e interpersonal (Yunus, Obama). Hoy la inteligencia dura y calculadora ya no se considera la quintaesencia de lo humano –al fin y al cabo, los ordenadores nos ganan al ajedrez. En cambio, la intuición y otras formas de inteligencia empiezan a revalorizarse.

Hasta hace poco, también se creía que el cerebro adulto tenía un número contado de neuronas, que inexorablemente habrían de ir envejeciendo y desapareciendo. Desde hace unos años sabemos que en el cerebro adulto nacen cada día miles de neuronas (también, aunque menos, durante la vejez), cada una de las cuales acabará especializándose de un modo u otro según sean nuestros intereses y nuestras emociones. Lo que hacemos en cada instante de nuestras vidas (la lectura de estas líneas, por ejemplo) contribuye a configurar nuestros cerebros, nuestras células y nuestra química –incluso a nivel de cómo se expresan los genes. Naturalmente, la plasticidad de nuestro cerebro y de nuestro cuerpo es todavía mayor en los primeros meses y años de vida, cuando se empiezan a labrar los surcos por los que transcurrirá nuestra vida adulta. Por ello, el afecto y la empatía con los más pequeños son esenciales para que puedan crecer sobre un fundamento seguro.

39

EMPATÍA INSTINTIVA

Es obvio que la buena salud contribuye a la felicidad, pero es igualmente cierto que la felicidad mejora la salud. Por ejemplo, en la prevención de resfriados las buenas relaciones afectivas (y en general la alegría de vivir) son un factor no menos importante que la ingestión de vitamina C. Según los datos recogidos por el psicólogo Sheldon Cohen, las personas que tienen en general relaciones conflictivas son dos veces y media más propensas a resfriarse que las que gozan de buenas relaciones. Dicha propensión aumenta a más de cuatro veces en quienes apenas se relacionan. Ello sugiere que las discusiones son malas para la salud, pero el aislamiento y el aburrimiento son aún peores.

Nuestras interacciones cotidianas con compañeros, colegas, vecinos y parientes no se quedan flotando en el vaporoso nivel de las emociones, sino que dejan huellas tangibles en nuestro cerebro y en nuestra biología. Las emociones se contagian y se reflejan en nuestra química interna: unas nos nutren, otras son literalmente tóxicas. No estamos solos. Nuestras emociones son como olas de un mar que compartimos con quienes nos rodean. Y cuanto más tiempo compartimos con alguien, más esa persona nos influye, a nivel psicológico, biológico y físico. No es que evolucionemos paralelamente con nuestras parejas y compañeros, sino que *coevolucionamos* con ellos, como coevolucionan los elementos integrados en un ecosistema.

Homo homini lupus («el hombre es un lobo para el hombre») es una sentencia latina que parece presidir las teorías económicas y políticas del materialismo. A menudo atribuimos nuestras acciones poco éticas a nuestra naturaleza animal: «¡qué animal!», decimos acaso de algún desconsiderado. Pero la empatía, la reciprocidad y la compasión son en el fondo instintivas. Como escribía Stephen Jay Gould hace ya un cuarto de siglo: «¿Por qué habría de ser nuestra maldad el bagaje de un pasado simiesco y nuestra bondad únicamente humana? ¿Por qué no habríamos de ver continuidad con otros animales también en nuestros rasgos "nobles"?». El psicólogo y primatólogo Frans de Waal ha mostrado que hay mucha más continuidad que discontinuidad entre las formas humanas de empatía, compasión y bondad y las que encontramos en los simios. Los primates tienen una enorme capacidad de comprender lo que siente el otro a partir de sus gestos, sonidos y expresiones. Los chimpancés se besan y abrazan después de haberse peleado. Se han observado numerosos ejemplos de primates que acuden a rodear con su brazo a la víctima de una pelea, o que se ven afectados por el dolor de otros. Experimentos de mediados del siglo xx ya mostraron que los monos rhesus se niegan a tirar de una cadena que les proporciona comida si ello va acompañado de una descarga que hace sufrir a un compañero (uno de ellos pasó doce días sin comer nada para no dañar a otros). Nuestra capacidad ética, lejos de ser un artificio caído del cielo, es una continuación de los instintos sociales que compartimos con delfines y elefantes.

Según el ejemplo que ponía hace un siglo el científico finlandés Edvard Westermarck, de la misma manera que no podemos evitar sentir dolor si el fuego nos quema, no podemos tampoco evitar sentir compasión por nuestros amigos. Y no porque nues-

tros "genes egoístas" inventen enrevesadas artima-
ñas (según querrían complicadas explicaciones mate-
rialistas), sino porque la bondad humana es algo
espontáneo. El sabio chino Mencio lo ilustraba con
la angustia y la compasión que cualquier persona en
su sano juicio sentiría si ve a un niño a punto de caer
en un pozo. Nuestra tendencia natural es sentirnos
mal con el sufrimiento de los otros e intentar aliviar-
lo. De esa fuerza natural nace el poder del amor.

Cada día se producen millones de actos pequeños y grandes de generosidad y bondad. Unos surgen
espontáneamente de nosotros, muchos otros los podemos apreciar a nuestro alrededor. Sin embargo, en
los medios de comunicación no aparecen, a menos
que sean espectaculares. Quedan silenciados por los
acontecimientos violentos y estridentes, y por el cinismo disfrazado de realismo que practican quienes
han perdido el entusiasmo por la vida. El materialismo, llevado al extremo, tiende por naturaleza hacia el cinismo. Pero la ciencia que empieza a libe-
rarse del velo materialista confirma hoy lo que sabía
Mencio. Como explica Goleman, la psicología y la
neurología contemporáneas muestran que «nuestro
cerebro está predispuesto hacia la bondad». Y esto
asoma en los ámbitos menos pensados; según Goleman, «lo que más atrae al hombre de la mujer y vice-
versa es, en ambos casos, la bondad».

Por otra parte, neurocientíficos como António
Damásio muestran que el conocimiento se vuelve

miope cuando reprime los sentimientos. Según Damásio, el siglo xx ha sido «el siglo del racionalismo», de un racionalismo que reprimía sentimientos, intuiciones, emociones y todo lo que le fuera ajeno –un racionalismo que ya es hora de dejar atrás. Como ya sabía Pascal, «le coeur a ses raisons que la raison ne connait point»: el corazón tiene sus razones, que la razón no puede comprender.

René Descartes, acosado por la ansiedad de no encontrar nada cierto en el mundo, acabó refugiándose en la certeza de la existencia de su ego. De ahí su célebre afirmación «pienso, luego existo», uno de los lemas de la mentalidad racionalista e individualista de los últimos siglos. Pero ahora necesitamos una actitud mucho más relacional, como la que expresa la noción africana de *ubuntu*, que implica, entre otras cosas, que «yo soy porque tú eres» y «crezco porque tú creces». O, como escribe Satish Kumar en explícita oposición a Descartes: «Eres, luego existo». Porque aisladamente no somos. Existimos en relación y en diálogo, con los demás y con el mundo.

40

¿DÓNDE SE HALLA LA MENTE?

En los miles y miles de versos que forman los dos textos fundacionales de la cultura griega, la *Ilíada* y la *Odisea*, no se menciona nada semejante a lo que hoy llamaríamos "mente" (ni a lo que llamaríamos "conciencia" o "alma"): en aquellos textos de hace casi tres mil años no hay constancia de un lugar concreto y no físico en el que se den los pensamientos y sentimientos. Por ejemplo, la *Ilíada* y la *Odisea* usan la palabra *psychē*, que siglos después significará "alma" en griego clásico. Pero en griego homérico *psychē* no se refiere a lo que nosotros consideramos psíquico, sino a algo más bien físico, una especie de fuerza vital, a veces identificable con el aliento o la sangre: un guerrero moribundo puede expirar su *psychē* por la boca o desangrarla por sus heridas. Otros vocablos del griego homérico que a primera vista parecerían expresar fenómenos mentales tampoco encajan con nuestra experiencia contemporánea: *phrēn* (raíz de "frenología" y "esquizofrenia") es algo que se ubica en el pecho; *noos* (su derivado *nous* sí se referirá, siglos después, a la "mente") es algo semejante al campo de visión (Zeus sostiene a Odiseo en su *noos*), mientras que *thymos* (que luego designará el asiento de las emociones) indica en Homero una especie de dinamismo (Aquiles se pone a luchar cuando el *thymos* de su pecho se lo dice, y también el mar embravecido tiene *thymos*). La *Ilíada* y la *Odisea* rebosan sin duda calidad literaria y lucidez expresiva, pero no expresan un mundo como el nuestro, sino un mundo en el que –entre auroras, disputas y aventuras– los humanos, los dioses y la naturaleza están profundamente interrelacionados, y en el que no hay fenómenos que sean exclusivamente individuales, o que sean o bien exclusivamente físicos o exclusivamente mentales.

Pocas generaciones después de Homero, en un viaje intelectual que comenzó en Atenas, la tradición occidental empezó a encumbrar la razón como lo más distintivo de los humanos, una razón abstracta que se consideraba independiente de (y radicalmente superior a) las emociones, el cuerpo y la naturaleza. Homero, claro está, nada sabía de la rígida separación que Descartes iba a establecer en el inicio de la modernidad entre lo puramente material (*res extensa*) y lo puramente mental (*res cogitans*). Pero Descartes tampoco podía sospechar lo que sabemos hoy, cuatro siglos después. Por ejemplo, que lo observado no puede separarse de quien lo observa (Bohr, Heisenberg, Wheeler), o que la mente es inherentemente corporal y el pensamiento es sobre todo inconsciente (Lakoff y Johnson). Hoy la ciencia cognitiva muestra que la razón no es una facultad incorpórea y trascendente, sino que funciona en gran medida a través de decisiones inconscientes, se basa a menudo en imágenes y metáforas y está íntimamente vinculada a las emociones. Incluso los conceptos abstractos se basan en metáforas surgidas de la experiencia. La racionalidad es sólo la punta del iceberg en un océano de cognición prelingüística, afectiva y emotiva. Como señala el cirujano Mario Alonso Puig, «lo que el corazón quiere sentir, la mente se lo acaba mostrando».

La mente no está en el cerebro, sino que emerge del conjunto del cuerpo: de una unidad inseparable que incluye movimientos musculares, equilibrios hormonales, el sistema inmunitario y el conjunto del organismo. Y que incluye también un constante diálogo con el mundo. Nuestra percepción del espacio, por ejemplo, surge a partir del movimiento de nuestro cuerpo. En un experimento clásico con dos gatos recién nacidos (que son ciegos de nacimiento) se limitó la movilidad de uno mientras el otro podía moverse libremente. Al cabo de dos meses, y pese a que habían estado en el mismo entorno, el que no había podido moverse con libertad no reconocía los objetos de su alrededor (chocaba contra las sillas, por ejemplo) mientras que el que sí había podido moverse veía con normalidad. Esta y otras observaciones indican que la cognición visual-espacial emerge del moverse del cuerpo en el mundo. Por otra parte, personas ciegas de nacimiento a las que se quitan las cataratas que obstruían su visión sólo ven al principio sombras confusas. Aprenden a ver en un proceso de progresiva coordinación de los estímulos visuales con lo percibido por el resto del cuerpo.

La mente, entonces, ¿dónde se ubica? No está en un lugar físico y concreto, sino distribuida en una amplia red de relaciones que incluyen el cerebro

pero no se limitan a él. Porque un cerebro por sí solo
nada sabe. Algunos filósofos han especulado sobre
un cerebro sin cuerpo, en un tubo de ensayo y co-
nectado a cables, pero semejante artilugio sería incapaz de realizar ninguna actividad mental. Como
escribe Wendell Berry, la mente es en todo caso la
suma de diversos elementos: «cerebro + cuerpo +
mundo + lugar + comunidad + historia». La mente
está en el cuerpo y en el mundo –en el mundo mismo que la mente percibe y concibe. El yo, la mente, intrínsecamente relacionales, a la vez están y no
están en nuestro organismo físico.

41

Mentes en red

Todo lo que somos y hacemos es psicosomático. Los
estados neuronales influyen sin duda en nuestro estado consciente, pero a la vez nuestro estado de áni-
mo y nuestras decisiones conscientes influyen en nuestra bioquímica y en nuestra neurofisiología (de un
modo que se puede medir científicamente). La perspectiva materialista sólo aprecia lo que emerge de la
materia y del cuerpo, mientras se esfuerza en ignorar los múltiples modos en que la psique influye en
el cuerpo. En realidad se trata de una interacción de
doble carril, de doble sentido. La dinámica de nues-

tro cerebro configura nuestro yo tanto como nuestro yo configura la dinámica de nuestro cerebro.

Por otra parte, la mente sólo se da como un diálogo con un Tú y con el mundo, como un fulgor de una red de relaciones que abarca toda nuestra experiencia. El psicólogo Daniel Stern ha comprobado que en los bebés la percepción del "yo" surge simultáneamente con el "tú". También afirma que nuestro sistema nervioso está diseñado «para ser registrado por el sistema nervioso de los demás y sentir lo que sienten como si estuviéramos dentro de su piel». No tiene sentido, por tanto, considerar la mente como algo individual y separado. Porque no hay mentes aisladas. Quizá por ello podemos intuir y comprender lo que sienten los demás sin necesidad de que nos lo digan, porque nadamos en el mismo océano.

D.H. Lawrence lo expresó mejor en la última página de su última obra: «Mis pies saben perfectamente que soy parte de la tierra, y mi sangre es parte del mar... No hay ninguna parte de mí que exista por su cuenta, excepto, tal vez, mi mente, pero en realidad mi mente es sólo un fulgor del sol sobre la superficie de las aguas».

42

DE LA MATERIA A LA CONCIENCIA

Durante cuatro siglos, la física ha intentado explicar el universo como un gran mecanismo compuesto por elementos materiales. Pero en la misma evolución de la física la visión materialista se agota. La materia sólida se acaba disolviendo. Lo que encontramos a nivel subatómico es más un mar de vibraciones que una colección de bolas de billar. El caos y la complejidad sustituyen a lo lineal y mecánico. Lo intangible sustituye cada vez más a lo tangible, así en la economía como en la física. Cada vez más, la realidad que muestra la física resulta ser postmaterialista.

Dos de los grandes físicos del siglo XX, Erwin Schrödinger y Eugene Wigner, ambos galardonados con el premio Nobel, propusieron independientemente un asombroso cambio de perspectiva. Según Schrödinger y Wigner, los descubrimientos de la física del pasado siglo implican que el fundamento de la realidad no es la materia (o la materia y la energía), sino la conciencia y la percepción.

Niels Bohr, premio Nobel de Física en 1922, ya había llegado a la conclusión de que «ningún fenómeno es un fenómeno hasta que es un fenómeno observado». Después de la física cuántica no es posible seguir creyendo en una realidad preexistente, separada del observador. Pero como no hemos sido capaces de construir una visión del mundo práctica y coherente a partir de ello, la mayor parte de nosotros –incluidos la mayoría de los físicos en su día a día– seguimos por inercia creyendo en que hay una realidad física que sigue sus propias leyes y es independiente de nosotros. No faltan físicos, sin embargo, que se han tomado en serio las implicaciones filosóficas de los descubrimientos de la física del siglo xx. Entre ellos destaca John Archibald Wheeler, quien estaba convencido de que la revolución de la física cuántica y relativista ha de completarse con otra revolución, todavía más profunda: la que ahora nos está empezando a revelar un universo participativo, en el que el núcleo y la clave de toda física es la participación del observador.

43

EL MUNDO QUE VIENE

Si la base de la realidad no es la materia sino la conciencia, se desmorona todo lo que durante siglos pareció de sentido común a la mentalidad materialista –y cobran sentido las palabras de filósofos y poetas de Oriente y Occidente. Empezamos a entender:

- que no somos espectadores pasivos en un mundo de objetos, sino coautores y cocreadores de un universo de relaciones;
- que hoy sólo estamos manifestando una ínfima parte de nuestras posibilidades;
- que la mente no está en el cerebro, y que dialoga con el mundo y las otras mentes de maneras sutiles;
- que nuestras intenciones configuran nuestro presente, de modo que nuestro mundo exterior refleja nuestro interior;
- que no somos seres materiales que tienen experiencias espirituales, ni máquinas genéticas que tienen sensaciones psicológicas, sino conciencia envuelta en los velos de la materia, el espacio, el tiempo y la limitación;
- que el núcleo de la realidad habla el lenguaje de la imaginación, la creatividad y la intuición más que el de las leyes, fórmulas y conceptos;
- que toda la comunidad de la biosfera revela la belleza y la sacralidad del universo;
- que cada momento es un regalo;
- que entre tú y el resto del mundo nunca hay, nunca hubo, ninguna separación.

9. EL UNIVERSO PARTICIPATIVO

Por inconcebible que resulte a nuestra razón ordinaria, todos nosotros –y todos los demás seres conscientes en cuanto tales– estamos todos en todos. De modo que la vida que cada uno de nosotros vive no es meramente una porción de la existencia total, sino que en cierto sentido es el todo.

ERWIN SCHRÖDINGER

44

¿ES EL UNIVERSO UN LUGAR ACOGEDOR?

Se cuenta que en una entrevista preguntaron a Einstein cuál es la cuestión más importante para la humanidad y que, tras pensárselo un buen rato, respondió que la pregunta primera y más importante que cada uno de nosotros debiera contestar por sí mismo es si el universo es un lugar acogedor: «Is the universe a friendly place?». No está claro si la cita es verídica, aunque Einstein podría perfectamente haber planteado esta cuestión. En cualquier caso es una pregunta vital.

Si vemos el universo como un lugar hostil, construiremos muros, nuestros valores girarán en torno a la seguridad, el control y el poder, inventaremos armas poderosas para intentar protegernos... y llegaremos a una sociedad perfectamente capaz de autodestruirse, como la nuestra. Si en cambio sentimos que el universo es un lugar acogedor podremos relajarnos, sentirnos agradecidos y dedicarnos a compartir, conocer y gozar.

Mucho depende de si nuestra visión del mundo nos dice que hemos venido a este mundo a luchar en un entorno que nos rechaza o a participar en una aventura fascinante. Es como si el universo fuera una gran madre que nos ofrece hostilidad y distancia o bien amor y comprensión. Afirmar hoy que el universo es acogedor suena ingenuo. Pero no era así para las culturas tradicionales y nuestras palabras todavía conservan un rastro de ello. La palabra *kosmos* significaba en griego antiguo no sólo universo (nuestro *cosmos*), sino también orden armonioso y ornamento, sentido que perdura en la palabra *cosmética*. También en latín se contraponía el mundo, *mundus*, a su opuesto, *immundus* –todavía llamamos *inmundo* a lo que sentimos que no se corresponde con la belleza intrínseca del mundo.

Para los antiguos griegos, el universo astrofísico de hoy no sería ya *kosmos*, sino *akosmos* (desordenado) y *asymmetros* (desproporcionado). Copérnico puso el Sol en el centro de su sistema astronómico por una cuestión en gran medida estética, de proporción y armonía. Cinco siglos después, el ser humano contemporáneo actúa como si se sintiera huérfano en un universo sin sentido, incapaz de relajarse y simplemente ser. Eminentes filósofos y científicos han expresado el malestar cósmico que en el fondo les transmite la visión moderna de la realidad. Porque en la visión materialista no hay lugar para lo propiamente humano, y si uno abraza esta visión con realismo acaba sintiéndose como un mero accidente en un mundo sin sentido. Así, Bertrand Russell, firme defensor de la visión científica del mundo, escribió a principios del siglo xx que el mundo que nos revela la ciencia carece de todo sentido, que el ser humano es el producto de fuerzas que no sabían hacia dónde se dirigían, y que «su origen, su desarrollo, sus esperanzas y miedos, sus amores y creencias són sólo el resultado de las posiciones accidentales de los átomos». En efecto, si la materia es la base exclusiva de la realidad, todo lo que somos y hacemos es el simple resultado de meras combinaciones físicas y químicas. En el siglo que ha transcurrido desde que Russell escribió estas palabras, la ciencia ha empezado a mostrar que el universo es mucho más que un complejo mecanismo basado en elementos materiales, pero nuestra cultura (incluidos los presupuestos de la mayor parte de la ciencia que hoy se practica) sigue apegada al paradigma materialista. Seguimos en el fondo creyendo que el uni-

verso no es un lugar acogedor. La cultura establecida, a través de instituciones académicas y medios de
comunicación, nos dice implícitamente que la belleza y el sentido de mucho de lo que percibimos en
la naturaleza es en el fondo un espejismo, una ilusión subjetiva. Algunos, como el premio Nobel de
Física Steven Weinberg, afirman explícitamente que
la belleza que podemos ver en nuestro entorno inmediato «es sólo una parte insignificante de un universo abrumadoramente hostil» y que cuanto más com-
prendemos el universo, más resulta vacío de sentido.
Peter Sloterdijk llega a decir que el universo de la
ciencia contemporánea «es la quintaesencia del te-
rror y la inhospitalidad».

Pero hay otra posibilidad, más participativa. ¿Qué
ocurre si el universo no es en sí mismo ni acogedor
ni hostil? ¿Qué ocurre si no está ahí afuera, separado
de nosotros, sino que emerge a partir de cómo nos
relacionamos con él?

45

El universo libre

¿Obedece el universo a leyes inalterables, como si
fuera una gran burocracia?

A principios del siglo xx, filósofos como Whitehead y Wittgenstein señalaron que las «leyes de la

naturaleza» son sólo una descripción de regularidades parciales que observamos: no están en la naturaleza, sino en nuestra mente. Históricamente derivan de la creencia en un Dios soberano que decreta "leyes" universales. En la ciencia de la antigua Grecia o de la China clásica no hay tales "leyes" de la naturaleza. Sí las encontramos, en cambio, en la teología de Tomás de Aquino, que escribe sobre la Ley Eterna que «existe en la mente de Dios y gobierna todo el universo».

Copérnico estudió Derecho, pero nunca dice que haya leyes en la naturaleza. Galileo tampoco. Copérnico habla de simetrías y armonías; Galileo, de proporciones, ratios y principios. En su época, el universo estaba empezando a convertirse en mecanismo, pero todavía no estaba sometido al imperio de la ley.

Poco después, en Descartes, ya hay mención explícita de «leyes que Dios ha introducido en la naturaleza» y «leyes mecánicas». En la segunda mitad del siglo XVII, a la vez que los nacientes Estados europeos centralizan cada vez más sus leyes políticas, se empieza a hablar de "leyes" para describir las transformaciones de las sustancias químicas (Boyle) o el movimiento de los planetas (Newton). Pero las leyes humanas evolucionan con el tiempo, mientras que las leyes de la naturaleza se supone que son eternas. ¿Por qué? Toda descripción científica de acontecimientos remotos se basa en la suposición de que las regularidades que observamos en nuestro planeta y en nuestra época valen eternamente y en todas partes. Pero si la naturaleza evoluciona, ¿por qué no habrían de evolucionar también sus regularidades, sus "leyes"?

Algunos físicos han empezado a plantearse si la velocidad de la luz se mantiene constante a través de la evolución del universo. La velocidad de la luz es la constante más fundamental de la física: la teoría de la relatividad lo relativiza todo menos la velocidad de la luz en el vacío, que se mantiene constante en todas las circunstancias. Sin embargo, la velocidad de la luz que encontramos en los libros de texto (299.792,458 km/s) no es el simple resultado de una medición empírica. Diversas mediciones que se hicieron antes de 1972 daban resultados demasiado dispares para la precisión que requiere la física contemporánea. Así, entre 1929 y 1945 el valor aceptado de la velocidad de la luz disminuyó unos 20 km/s, para luego volver a incrementarse. Algún investigador incluso llegó a sugerir que la velocidad de la luz fluctuaba, algo inaceptable para la ciencia tal como ha sido concebida desde hace siglos. En 1972, ante la discrepancia de resultados, la velocidad de la luz se fijó por decreto en un congreso de metrólogos. Y en 1983 se redefinió el metro en términos de la velocidad de la luz ya establecida por decreto. Sin embargo, nada garantiza que la velocidad de la luz no pueda cambiar con el tiempo o en función de parámetros que ignoramos. Lo mismo se aplica a otras constantes científicas. Si las constantes dejan de ser constantes, se desvanece la certeza de mucho de lo que creíamos saber sobre tiempos y lugares remotos. Y queda todo abierto.

Wheeler, que entre los grandes físicos nacidos en el siglo xx es desde el punto de vista filosófico el más coherente (y por ello el más radical), afirma que no hay leyes fundamentales de la física que sean eternas: «La ley no puede quedarse esculpida en una tabla de piedra para toda la eternidad... Todo es mutable». Según Wheeler, las "leyes" que observamos en la naturaleza no tienen por qué haber estado ahí desde antes del Big Bang, sino que pueden haberse desarrollado paulatinamente con la evolución del cosmos, evolucionando ellas mismas también, e incluso emergiendo de algún modo en relación con nuestras observaciones y expectativas.

El universo que heredamos a partir de Newton era una especie de burocracia cósmica en la que cada acontecimiento tenía su ley fija y su código identificador. Era un simple mecanismo, al principio comparado con un gran reloj y más recientemente con una gran computadora. Ese universo mecánico ha entrado en crisis: el cosmos que ahora descubrimos parece cada vez más algo vivo. En el horizonte emerge un universo libre y orgánico, centrado en el aquí-y-ahora del observador, en el que todo acontecimiento es participativo, en el que el sujeto y objeto se pueden distinguir, pero no se pueden separar, y en el que no somos espectadores pasivos de una realidad preexistente. En este universo libre, la realidad conserva sus inercias, ritmos y regularidades, pero tiene también su propio margen de espontaneidad, de libertad. No somos espectadores pasivos de una realidad ya fijada, sino coautores y cocreadores de un universo abierto y participativo.

46

TODO EN TODO

En la filosofía de la vía media budista nada existe por sí mismo, nada es independiente, pues cada cosa depende siempre de otras. Todo está implícito en todo. Ello se expresa con el concepto sánscrito de *pratītya-samutpāda*, que podemos traducir como "emerger interdependiente": las cosas no acaecen solas, ni a través de una causalidad lineal, sino que acontecen en profunda interrelación. Como escribió Nietzsche en uno de sus mejores momentos: «Todas las cosas están entrelazadas, entretejidas, enamoradas».

También la física subatómica ha empezado a revelar la íntima interdependencia de la realidad. Como señaló Niels Bohr, «las partículas materiales aisladas son abstracciones: sus propiedades sólo se pueden definir y observar en su interacción con otros sistemas», hasta el punto de que «cada partícula consiste en todas las demás partículas» (Geoffrey Chew).

David Bohm, considerado por Einstein uno de los mejores físicos de la nueva generación, y que vio truncada su carrera en Estados Unidos por razones políticas, intentó una síntesis de relatividad y mecánica cuántica que fuera más allá de los meros formalismos matemáticos, y vio que lo que ambas teorías tienen en común es la concepción de la realidad como una "totalidad indivisa" (*undivided wholeness*), dinámica, fluida y profundamente interdependiente. Esa interdependencia salta a la vista en algunos de los hallazgos más extraordinarios de la física contemporánea –como en el llamado "enmarañamiento" (*entanglement*) cuántico.

Einstein, Podolsky y Rosen diseñaron en los años treinta el llamado experimento EPR (técnicamente imposible de realizar en aquel entonces) para mostrar que, si ello era cierto, se habían de seguir consecuencias que ningún físico razonable podría creer. Pero en los años sesenta el teorema de Bell indicó que la realidad es más misteriosa de lo que Einstein estaba dispuesto a aceptar. Y así se ha comprobado, realizando repetidas veces el experimento, desde principios de los años ochenta. Dos partículas que han estado unidas tienen *spin* opuesto (el *spin* es una propiedad de las partículas elementales para la que no hay un correlato preciso en el mundo cotidiano, aunque puede relacionarse con el sentido de rotación). Si separamos estas partículas e invertimos el *spin* de una, el *spin* de la otra también se invierte de modo instantáneo, sin que haya nada que las una físicamente. Según las leyes más elementales de la física, nada puede ejercer una influencia instantánea a distancia. Estas "conexiones no-locales" muestran que la realidad no se compone simplemente de objetos separados sujetos a leyes de causa y efecto.

Por otra parte, las partículas también se "enmarañan" con el observador. El caso más asombroso es el del experimento llamado de "decisión demorada" (*delayed choice*), en el que una emisión de luz resulta ser de naturaleza ondulatoria o corpuscular según el modo de observación que se pone en marcha una vez la luz ya ha sido emitida. Este experimento, concebido por John Wheeler, ha sido ya realizado con éxito en el laboratorio y pone en entredicho nuestra percepción lineal del tiempo.

47

La realidad simpática

Hasta hace pocos siglos era de sentido común en casi todas partes sentir que hay una correspondencia entre nuestro interior y el mundo –sentir, por ejemplo, que nuestras intenciones y oraciones reverberan a través de la realidad. Desde la antigua Grecia, en Occidente se consideraba que todas las cosas, sobre todo las cosas vivas, son microcosmos que reflejan el macrocosmos, el conjunto del universo.

Nada de ello tiene sentido para la mentalidad materialista, que ve el mundo como una serie de fragmentos aislados compitiendo entre sí. La visión materialista tiende a ser seria y gris. En cambio la idea de microcosmos se basaba en vínculos de simpatía. Tal como la simpatía une a las personas, durante el Renacimiento se usaba palabra latina *sympathia* ("afinidad", "sentir-en-común") para designar los vínculos de resonancia que se dan entre cosas aparentemente separadas. En el caso del movimiento de los planetas, no se hablaba ya simplemente de simpatía sino de amor: «el amor que mueve el Sol y las demás estrellas» (como escribe Dante) o que «mueve los cielos» (como escribe Joanot Martorell). Nosotros explicamos los movimientos planetarios a través de la gravedad, prosaica y mucho más precisa –pero no deja de ser una forma de acción a distancia que nadie sabe realmente cómo actúa.

Tal como en una auténtica obra de arte cada parte resuena con el todo, en las formas vivas también hay resonancias y vínculos simpáticos. Por ejemplo, sabemos cada vez más que todo el templo del cuerpo humano se refleja en muchos de sus pilares y ventanas. Ello permite hacer diagnósticos (y en algunos casos terapias) a partir de la planta de los pies, la estructura de los dientes, el iris... Cada parte del cuerpo humano parece reflejar el conjunto del organismo y su estado de salud, es decir, de integridad.

Vista con ojos de artista, la realidad es simpática. En una realidad simpática podemos sentirnos plenamente miembros del mundo, hasta el punto de que, como vio Schrödinger, la vida de cada uno de nosotros «no es meramente una porción de la existencia total, sino que en cierto sentido es el todo». Por ello, nuestras acciones no son sólo las de un pequeño ser aislado entre miles de millones de hombres y mujeres. Son también las acciones de un microcosmos en resonancia con el conjunto de lo que existe. De ahí nuestra responsabilidad.

Al darnos cuenta de que todos estamos interrelacionados surge naturalmente la generosidad y la solidaridad. Y la simpatía.

48

EL MUNDO COMO TÚ

Tú y *yo* son los pronombres originarios. A partir de ellos se genera todo diálogo. En cambio, al hablar de la tercera persona (él, ella, ello) perdemos la inmediatez originaria del *tú*. Todo idioma tiene un "tú", pero hay idiomas que no cuentan con pronombre de tercera persona (así ocurre en el vasco, que usa en su lugar demostrativos).

En un breve y bello ensayo sobre la relación entre *Yo y Tú* (*Ich und Du*), Martin Buber mostró que la relación de iguales que establecemos con un Tú es radicalmente distinta de la relación objetivadora que establecemos con un "ello". En los últimos siglos hemos considerado el mundo como una suma arbitraria de objetos inertes, un "ello" respecto al que nos sentíamos distantes y superiores. Pero en el mundo de hoy, a la vez que crecen los desequilibrios ecológicos y sociales, crece también la percepción de la interdependencia entre la naturaleza y la cultura, entre el mundo humano y el mundo natural. Sentimos que esta naturaleza acosada y herida es mucho más que un objeto, que tiene valor intrínseco y que incluso puede ser entendida como sujeto. Por lo menos como sujeto de derecho.

Nuestra legislación actual refleja la separación entre la humanidad y la naturaleza y legitima nuestra sensación de superioridad: las leyes reflejan intereses exclusivamente humanos –o exclusivamente de nuestra generación, porque muchas de nuestras motivaciones a corto plazo perjudican a las generaciones futuras. Pero la ley justa, como todo lo verdadero, no se inventa aribitrariamente, sino que se descubre a medida que madura la conciencia de una sociedad. Empezamos a darnos cuenta de que no estamos separados de la Tierra, sino que formamos parte de ella. Y por ello hoy se plantea crear una "jurisprudencia de la Tierra" que reconozca también el planeta como pleno sujeto de derecho. Uno de sus impulsores es el norteamericano Thomas Berry, para quien «el mundo no es un conjunto de objetos sino una comunidad de sujetos».

De simple colección de objetos que había que dominar, la naturaleza empieza a ser un mundo viviente en el cual participamos y con el cual podemos, en cierto modo, entrar en diálogo. Tal vez el mundo responda mejor si le hablamos en segunda persona.

49

Asombro

El origen de todo saber y todo gozar es el asombro ante el mundo. Platón y Aristóteles vieron en dicho asombro (*thaumazein*) la raíz de todo filosofar. Con el paso de los siglos, sin embargo, dicho asombro se fue marchitando, eclipsado por un pensar materialista y calculador, que prefiere ver el mundo como algo mecánico y controlable. Un mundo materialista que reduce la realidad a cifras y estadísticas puede acumular información, pero no puede amar ni actuar con sabiduría. Y sólo podemos respetar y conocer a fondo lo que amamos.

A principios del siglo xx, el sociólogo Max Weber diagnosticó que la cultura moderna había generado un proceso de "desencantamiento del mundo" *(Entzauberung der Welt)*, perdiendo la experiencia original de la "magia" *(Zauber)* intrínseca a las cosas. Pero estamos empezando a recuperarla. Unos años después, durante un atardecer en el África tropical, el filósofo, teólogo, músico y médico alsaciano Albert Schweitzer avanzaba a través de una manada de hipopótamos cuando, de repente, la expresión "reverencia por la vida" *(Ehrfurcht vor dem Leben)* amaneció en su mente. Durante el resto de su vida, este premio Nobel de la Paz consideró que la reverencia por la vida era lo que más necesitaba el mundo. Hoy parece todavía más necesaria.

La experiencia postmaterialista redescubre el mundo como un lugar asombroso, lleno de sentido y lleno de prodigios, de encanto, de *baraka*.

50

AQUÍ, AHORA

Lo único verdaderamente real es el momento presente. Pero el presente contiene ya las semillas de lo que quiere crecer. Y los signos de los tiempos apuntan hacia una creciente maduración de la conciencia humana, que nos llevará a librarnos del miedo a ser lo que somos y a romper el cascarón que nos impedía manifestarnos plenamente. Es el momento de pasar de los espejismos del materialismo a la experiencia postmaterialista y de abrazar nuevas formas de luz que quieren nacer ya: la reverencia por la vida, el reencantamiento del mundo, la conciencia de que nada hay de lo que estemos separados, la gratitud por el regalo de la existencia y la plenitud vital en el aquí y ahora.

HORIZONTES

Haz lo que puedas y luego relájate.
PARAMAHANSA YOGANANDA

*Caminante no hay camino, se hace camino
al andar.*
ANTONIO MACHADO

*Otro mundo no sólo es posible, está viniendo.
En días tranquilos oigo como respira.*
ARUNDHATI ROY

Una crisis es un rito de paso donde todo queda abierto. Puede llevar al colapso o a la sanación; al caos o a un mundo mejor.

¿Por dónde navegar hacia buen puerto?

No hay cartas de navegación que sirvan para todos los navíos o todos los navegantes. No hay textos que valgan para todos los contextos. No hay soluciones prefabricadas, pero hay tantos buenos caminos como corazones que los crean –con su caminar.

Cuando más oscura es la noche empieza a amanecer.

El propósito de estas páginas no era dar coordenadas de GPS, sino anticipar horizontes más allá del ego y del materialismo. Horizontes en los que ya empieza a amanecer –con tu participación. Porque todos damos forma al mundo en que vivimos.

Todo cambia contigo.

OTRAS RUTAS DE NAVEGACIÓN

Todas las cosas están interrelacionadas. También las secciones de esta obra. Cada sección de este libro, además de estar ligada a la que la precede y la que la sigue, está emparentada con otras que la complementan desde otros capítulos. *Buena crisis* está concebido para leerse de principio a fin, pero también contiene otros recorridos más breves centrados en un único tema. Así, *dentro de este libro hay otros libros*, microensayos que concentran algunos de los hilos temáticos del conjunto.

He aquí algunos de los microensayos temáticos que pueden extraerse y que pueden servir como vías de lectura rápida. A cada título siguen los números de sección que integran su recorrido:

Breve introducción a la economía ecológica
§ 1, 2, 3, 5, 6, 7, 8, 9, 10, 11, 12, 32, 33, 34, 35

El materialismo es un espejismo
§ 2, 7, 8, 9, 10, 12, 13, 14, 15, 16, 21, 22, 23, 24, 25

Relocalizar la vida
§ 4, 5, 6, 11, 32, 33

¿Qué está en crisis?
§ 21, 1, 2, 3, 7, 8, 9, 23, 24

Participar, fluir, gozar
§ 24, 12, 29, 35, 36, 39, 47, 49, 50

El horizonte postmaterialista
§ 25, 12, 24, 30, 31, 34, 35, 36, 42, 43, 48, 49

Hacia una ciencia holística
§ 28, 29, 17, 26, 27, 38, 39, 40, 41, 42, 46, 45

Redescubrir nuestro lugar en el mundo
§ 44, 37, 11, 12, 18, 19, 20, 30, 31, 48, 49, 50

Interdependencia radical
§ 46, 47, 7, 21, 30, 32, 34, 40, 48

PARA EXPLORAR MÁS A FONDO

1

Federico Fubini, «Delusional in Davos», en www.commondreams. org (3 de febrero de 2009); Antonio Baños, *La economía no existe*, Barcelona: Los libros del lince, 2009 // www.andysinger.com

2

E.F. Schumacher, *Lo pequeño es hermoso*, Madrid: Hermann Blume, 1978; Hans Christoph Binswanger, *Money and Magic*, Chicago: University of Chicago Press, 1994.

3

Edgar Morin, «Los tres principios de la esperanza en la desesperanza» (2007), en *El año I de la era ecológica* (Barcelona: Paidós, 2008), pág. 145; Heráclito, fragmento B18 (Diels) y A 63 (Colli); Fritjof Capra, *The Turning Point*, Londres: Flamingo, 1983 (*El punto crucial*, Barcelona: RBA, 1992).

4

Jordi Borja y Zaida Muxí, *Urbanismo en el siglo XXI*, Barcelona: UPC, 2004); Italo Calvino, *Le città invisibili*, Milán: Mondadori, 2002 (*Las ciudades invisibles*, Madrid: Siruela, 2009); Mike Davis, *Planeta de ciudades miseria*, Madrid: Akal, 2008; The Worldwatch Institute, *La situación del mundo 2007: Nuestro futuro urbano*, Barcelona: Icaria, 2007 // www.megacitiesproject. org; esa.un.org/unup/index.asp; www.citypopulation.de

5

Según datos oficiales de la Energy Information Administration del gobierno de Estados Unidos, la extracción media de petróleo (convencional y equivalentes) en julio de 2008 fue de 86,634 millones de barriles al día, es decir, 1.002,708 barriles por segundo, y había caído a 83,739 mbd (969,2 b/s) en mayo de 2009 (www.eia.doe.gov/emeu/international/oilproduction. html, datos del 12 de agosto de 2009); el documento de la CIA se titula «The impending Soviet Oil Crisis» (ER 77-10147), fue secreto hasta enero de 2001 y puede consultarse en www.foia. cia.gov; Colin Campbell, en *Vanguardia Dossier*, enero-marzo de 2006, «¿Un mundo sin petróleo?», pág. 103; Richard Heinberg, *MuseLetter* 204, abril de 2009; Richard Heinberg, *Se acabó la fiesta*, Benasque: Barrabés, 2006; Richard Heinberg, *Powerdown*, Forest Row: Clairview, 2004; Richard Heinberg, *Peak Everything*, Forest Row: Clairview, 2007; Thom Hartmann, *Last Hours of Ancient Sunlight*, Londres: Hodder & Stoughton, 2001; James H. Kunstler, *The Long Emergency*, Londres: Atlantic, 2005; Joaquim Sempere y Enric Tello (eds.), *El final de la era del petróleo barato*, Barcelona: Icaria, 2008 // www.crisisenergetica.org; www.hubbertpeak.com; www.peakoil.net; www.postcarbon. org; www.postoilcities.org // *Burn up* (dir. Omar Madha, 2008).

6

Andrew Simms y otros, *The UK Interdependence Report*, Londres: New Economics Foundation, 2006; Michael Pollan, *In Defence of Food*, Londres: Penguin, 2007.

7

Wendell Berry, *Life is a Miracle: An Essay against Modern Superstition*, Washington, D.C.: Counterpoint, 2000; Karl Polanyi, *La gran transformación*, Madrid: Endymion/La Piqueta, 1989; Jordi Pigem, «Producir y consumir», en *La odisea de Occiden-*

te, Barcelona: Kairós, 1994; David Loy, «The Religion of the Market», en *A Buddhist History of the West*, Albany: State University of New York Press, 2002.

8

Wolfgang Sachs (ed.), *The Development Dictionary*, Londres: Zed, 1992; Gardiner Harris, «Use of Attention-Deficit Drugs is Found to Soar Among Adults,» *The New York Times*, 15 de septiembre de 2005; Chambers, N., Simmons, C. y Wackernagel, M., *Sharing Nature's Interest: Ecological Footprints as an Indicator of Sustainability*, Londres: Earthscan, 2000; WWF, *Living Planet Report 2008*, Gland (Suiza): WWF, 2008.

9

Serge Latouche, *Sobrevivir al desarrollo*, Barcelona: Icaria, 2007; Jared Diamond, *Collapse: How Societies Choose to Fail or Survive*, Nueva York: Penguin, 2005 (*Colapso*, Barcelona: Random House Mondadori, 2006).

10

Serge Latouche, *Pequeño tratado del decrecimiento sereno*, Barcelona: Icaria, 2009 (*Petit tractat del decreixement serè*, Tres i Quatre, València, 2009); Serge Latouche y otros, *Objetivo decrecimiento*, Barcelona: Leqtor, 2007 (*Objectiu decreixement*, Leqtor, 2007); Nicolas Ridoux, *Menos es más*, Los libros del lince; Carlos Taibo, *En defensa del decrecimiento*, Madrid: Los libros de la Catarata, 2009.

11

Rob Hopkins, *The Transition Handbook*, Totnes: Green Books, 2008 // www.transitionculture.org; movimientotransicion. pbwiki.com

12

Alan T. Durning, *How much is enough?*, Londres: Earthscan, 1992 (*¿Cuánto es bastante?*, Apóstrofe, 1994); Tariq Ramadan, *Muhammad*, Barcelona: Kairós, 2009, pág. 253; Joaquim Sempere, *Mejor con menos*, Barcelona: Crítica, 2009; Andrew Simms y Joe Smith (eds.), *Disfruta la vida sin cargarte el planeta*, Los libros del lince, Barcelona, 2009 // www.happyplanetindex.org

13

Zygmunt Bauman, *Tiempos líquidos*, Barcelona: Tusquets, 2007 (*Temps líquids*, Barcelona: Viena, 2007); Richard J. Bernstein, *Beyond Objectivism and Relativism*, Philadelphia: University of Pennsylvania Press, 1988; Theodore K. Rabb, *The Struggle for Stability in Early Modern Europe*, Nueva York: Oxford University Press, 1975; William J. Bouwsma, *The Waning of the Renaissance: 1550-1640*, New Haven y Londres: Yale University Press, 2000 (*El otoño del Renacimiento: 1550-1640*, Barcelona: Crítica, 2001); Galileo, *Il Saggiatore* (1623); Descartes, *Principia philosophiae* (*Los principios de la filosofía*), parte IV, principio 197; Descartes, *Discours de la Méthode*, VI; John Gribbin, *Deep simplicity*, Londres: Penguin, 2005 (*Así de simple*, Barcelona: Crítica, 2006).

14

David Boyle, *The Tyranny of Numbers*, Londres: Flamingo, 2001; *El principito*, Madrid: Alianza, 1971, págs. 23-24 y 55-60; Richard Dawkins, *Unweaving the Rainbow*, Londres: Penguin, 1998, especialmente págs. 116 y 308; Erwin Chargaff, *Heraclitean Fire: Sketches from a Life before Nature*, Nueva York: The Rockefeller University Press, 1978; Alfred W. Crosby, *The Measure of Reality: Quantification and Western Society, 1250-1600*, Cambridge: Cambridge University Press, 1997 (*La medida de la realidad*, Barcelona: Crítica, 1998).

15

El crítico más interesante del materialismo como ideología es para mí Owen Barfield (1898-1997), miembro del llamado grupo de los «Oxford Inklings», que también incluía a C.S. Lewis y J.R.R. Tolkien. Entre sus obras destacan *Saving the Appearances*, New Hampshire: Wesleyan University Press, 1988 (1957); *Worlds Apart*, San Rafael (California): The Barfield Press, 2006 (1963); *Speaker's Meaning*, San Rafael: The Barfield Press, 2006 (1967); *The Rediscovery of Meaning and Other Essays*, San Rafael: The Barfield Press, 2006 (1977), y *History, Guilt and Habit*, San Rafael: The Barfield Press, 2006 (1979). Véase por ejemplo, en *The Rediscovery of Meaning*, «The Coming Trauma of Materialism», originalmente publicado en 1974.

16

David M. Levin (ed.), *Pathologies of the Modern Self: Postmodern Studies on Narcissism, Schizophrenia and Depression*, Nueva York y Londres: New York University Press, 1987; Micheal N. Nagler, *Is There No Other Way?: The Search for a Nonviolent Future*, Makawao (Hawai): Inner Ocean, 2001; Erich Fromm, *The Sane Society*, Londres: Routledge & Kegan Paul, 1963 (*Psicoanálisis de la sociedad contemporánea*, México y Madrid: Fondo de Cultura Económica, 1997); Jacques Monod, *El azar y la necesidad*, Barcelona: Tusquets, 1989.

17

En *The Structure of Scientific Revolutions* (Chicago: The University of Chicago Press, 1970; *La estructura de las revoluciones científicas*, Madrid: FCE, 2005; *L'estructura de les revolucions científiques*, Tarragona: Obrador Edèndum, 2007), Kuhn explica que ha empleado la palabra "paradigma" en dos sentidos diferentes: en sentido amplio indica «the entire constellation of beliefs, values, techniques and son on shared by the members of a given community» («1969 Postscript», pág. 175). Ello implica que la nueva ciencia que emerge tras un cambio de paradigma «is not only incompatible but often actually incommensurable» con la tradición científica anterior.

18

D.H. Lawrence, *Apocalypse and the Writings on Revelation*, Cambridge: Cambridge University Press, 1980, págs. 53 y 76; Richard Dawkins, *The Blind Watchmaker*, Londres: Penguin, 1988, pág. 3: «Each one of us is a machine, like an airliner only much more complicated»; Patrick A. Heelan, *Space-Perception and the Philosophy of Science*, Berkeley: University of California Press, 1983.

19

Carolyn Merchant, *The Death of Nature*, San Francisco: Harper & Row, 1980; Augustin Berque, Écoumène, París: Belin, 2000; Peter Sloterdijk en diálogo con H.-J. Heinrichs, *El sol y la muerte*, Madrid: Siruela, 2004, pág. 210; Peter Sloterdijk, *Esferas III: Burbujas*, Madrid: Siruela, 2006, pág. 30 // *Dersu Uzala* (dir. Akira Kurosawa, 1975).

22

David Loy, *Money, Sex, War, Karma*, Boston: Wisdom, 2008 (*Dinero, sexo, guerra y karma*, Barcelona: Kairós, 2009); Erich Fromm, *¿Tener o ser?*, México y Madrid: Fondo de Cultura Económica, 1983 (*Tenir o ésser?*, Barcelona: Claret, 1998); Fromm, *Del tener al ser*, Barcelona: Paidós, 1991 // *The Story of Stuff* (dir. Annie Leonard, 2007, descargable en www.storyofstuff.com).

23

Luigi Zoja, *Growth and Guilt*, Londres: Routledge, 1995; David Loy, *Lack and Transcendence*, Nueva Jersey: Humanities Press,

1996; Eckhart Tolle, *The Power of Now*, Londres: Hodder & Stoughton, 2001; Eckhart Tolle, *Stillness Speaks*, Londres: Hodder & Stoughton, 2003; Eckhart Tolle, *A New Earth;* Londres: Penguin, 2005.

25

Juan Díez Nicolás, «La escala de postmaterialismo como medida del cambio de valores en las sociedades contemporáneas» y «Social position, information and postmaterialism» (*Revista española de investigaciones sociológicas*, 1996), ambos descargables en Internet; Abraham Maslow, *El hombre autorrealizado*, Barcelona: Kairós, 1983; Abraham Maslow, *La personalidad creadora*, Barcelona: Kairós, 1985 // www.worldvaluessurvey.org

26

Donella Meadows, «Places to Intervene in a System», descargable en www.sustainer.org; Viktor Frankl, *El hombre en busca de sentido*, Barcelona: Herder, 2004 (*L'home a la recerca de sentit*, Barcelona: Edicions 62, 2005).

27

Spinoza menciona la *scientia intuitiva* en su *Ethica* (1677), parte II (proposición 40, escolio 2) y parte V (a partir de la proposición 25); Emerson («never did any science originate but by a poetic perception»), citado en D. Seamon y A. Zajonc (eds.), *Goethe's Way of Science*, Albany: SUNY, 1998, pág. 313; sobre Barbara McClintock véase Evelyn F. Keller, *A Feeling for the Organism*, Nueva York: Freeman, 1983; George Steiner, *Presencias reales*, Barcelona: Destino, 1991.

28

Fritjof Capra, *The Science of Leonardo*, Nueva York: Doubleday, 2007 (*La ciencia de Leonardo*, Barcelona: Anagrama 2008);

Frank Zöllner, *Leonardo da Vinci*, Colonia: Taschen, 2007; Daniel Arasse, *Leonardo da Vinci: The Rhythm of the World*, Nueva York: Konecky and Konecky, 1998; Sean Carroll, *Endless Forms Most Beautiful: The New Science of Evo Devo*, Nueva York: Norton, 2005; Howard Gardner, *Five Minds for the Future*, Boston: Harvard Business School Press, 2007 (*Las cinco mentes del futuro*, Barcelona: Paidós, 2005) // www.universalleonardo.org

29
Philip Ball, *H_2O: Una biografía del agua*, Madrid: Turner/FCE, 2007; Philip Ball, *Flow*, Oxford: Oxford University Press, 2009; Joaquín Araújo, *Agua*, Madrid: Lunwerg, 2007; Carmelo Ríos, *Yoga del agua*, Madrid: Gaia, 2006; W.A. Bentley y W. J. Humphreys, *Snow Crystals*, Nueva York: Dover, 1962; Alexander Lauterwasser, *Water Sound Images*, Newmarket (New Hampshire): Macromedia, 2006; Masaru Emoto, *Mensajes del agua*, Barcelona: La liebre de marzo, 2003; Theodor Schwenk, *El caos sensible*, Madrid: Ed. Rudolf Steiner, 1988; Ivan Illich, *H_2O y las aguas del olvido*, Madrid: Cátedra, 1989 // *El río* (dir. Jean Renoir, 1951): *El gran azul* (dir. Luc Besson, 1988); *Whale Rider* (dir. Niki Caro, 2003).

30
Peter Singer, Londres: Pimlico, 1995; Michel Serres, *Le contrat naturel*, París: Flammarion, 1999; Bruno Latour, *Politiques de la nature*, París: la Découverte, 2004; Henry David Thoreau, «Walking», texto de 1862 incluido en *Essays and Other Writings* (y en *Henry David Throreau: Textos essencials*, edición de Antonio Casado da Rocha, València: Tres i Quatre, 2009, pág. 38).

31
En www.earthcharter.org puede hallarse el texto completo de la Carta de la Tierra en más de treinta idiomas. Uno de sus

principales promotores en España es la Fundación Valores: www.fundacionvalores.es

32

Janine Benyus, *Biomimicry: Innovation Inspired by Nature*, Nueva York: William Morrow, 1997; Jorge Riechmann propone una aplicación a nivel político-social en *Biomímesis*, Madrid: Los Libros de la Catarata, 2006 // www.biomimicryinstitute.org; www.zeri.org; www.terra.org

33

Michael Braungart y William McDonough, *Cradle to Cradle*, Londres: Jonathan Cape, 2008 (*Cradle to cradle*, Madrid: McGraw-Hill, 2005) // www.genvcampaigns.org // *La hora 11* (dirs. Nadia y Leila Conners, 2007).

34

Daniel Goleman, *Inteligencia ecológica*, Barcelona: Kairós, 2009 // *El planeta libre* (*La belle verte*, dir. Coline Serreau, 1996).

35

David Loy, «The Three Posions, Institutionalized», en *Money, Sex, War, Karma*, Boston: Wisdom, 2008 (*Dinero, sexo, guerra y karma*, Barcelona: Kairós, 2009); David Loy, *The Great Awakening*, Boston: Wisdom, 2003 (*El Gran Despertar*, Barcelona: Kairós, 2004).

36

Paul Hawken, *Blessed Unrest: How the Largest Social Movement in History Is Restoring Grace, Justice, and Beauty to the World*, Londres: Penguin, 2008; Jorge Carvajal, entrevista en *Boletín Ananta*, invierno 2006-2007, pág. 9; Michael Lerner, *The Politics of Meaning*, Nueva York: Perseus, 1997; Michael Lerner,

Spirit Matters, Charlottesville (Virginia): Hampton Roads, 2000; Álex Rovira y Fernando Trías de Bes, *La buena suerte*, Barcelona: Urano, 2004 (*La bona sort*, Barcelona: Urano, 2004); Álex Rovira, *La buena vida*, Madrid: Aguilar, 2008 (*La bona vida*, Badalona: Ara llibres, 2008); Álex Rovira, *La buena crisis*, Madrid: Aguilar, 2009 (*La bona crisi*, Barcelona: Pòrtic, 2009).

37

James Hillman y Michael Ventura, *We've Had a Hundred Years of Psychotherapy and the World's Getting Worse*, San Francisco: Harper, 1992; James Hillman, «A Psyche the Size of the Earth», en T. Roszak, M. Gomes y A.D. Kanner, *Ecopsychology*, San Francisco: Sierra Club, 1995; C.G. Jung, *Los arquetipos y lo insconsciente colectivo* (Obra Completa, vol. 9/1), Madrid: Trotta, 2002, pág. 161; David W. Kidner, *Nature and Psyche*, Albany: State University of New York Press, 2001; Andy Fischer, *Radical Ecopsychology*, Albany: State University of New York Press, 2002; Theodore Roszak, *Persona/Planeta*, Barcelona: Kairós, 1984; Theodore Roszak, *The Voice of the Earth*, Grand Rapids: Phanes, 2001; David Abram, «Merleau-Ponty and the Voice of the Earth», *Environmental Ethics*, 10:2, 1988; David Abram, *The Spell of the Sensuous*, Nueva York: Pantheon, 1996 (*La magia de los sentidos*, Barcelona: Kairós, 2000).

38

Howard Gardner, *Frames of Mind*, Londres: Fontana, 1993; Daniel Goleman, *Inteligencia emocional*, Barcelona: Kairós, 1996 (*Intel·ligència emocional*, Barcelona: Kairós, 2007); Daniel Goleman, *Inteligencia social*, Barcelona: Kairós, 2006; Vanessa Mielczareck, *Inteligencia intuitiva*, Barcelona: Kairós, 2008.

39

Frans de Waal, *Primates y filósofos*, Barcelona: Paidós, 2008; Daniel Goleman, *Inteligencia social*, Barcelona: Kairós, 2006 (esp. págs. 87-91, 273 y 311-312); Francisco J. Varela, *Ethical Know-How*, Stanford: Stanford University Press, 1999; António Damásio, *El error de Descartes*, Barcelona: Crítica, 1996; Satish Kumar, *You Are, Therefore I Am*, Totnes: Green Books, 2002 (*Tú eres, luego yo soy*, Valencia: Ediciones I, 2006); Satish Kumar, Spiritual Compass, Totnes: Green Books, 2007 (*La brújula espiritual*, Barcelona: Integral, 2008).

40

Bruno Snell, *El descubrimiento del espíritu*, Barcelona: Acantilado, 2008; Julian Jaynes, *The Origin of Consciousness in the Breakdown of the Bicameral Mind*; Boston: Houghton Mifflin, 1990; George Lakoff y Mark Johnson, *Philosophy in the Flesh*, Nueva York: Basic Books, 1999; Sandra Blakeslee y Matthew Blakeslee, *El mandala del cuerpo*, Barcelona: La liebre de marzo, 2009; Mario Alonso Puig, *Madera de líder*, Barcelona: Empresa Activa, 2004; el experimento con gatitos, realizado en los años cincuenta por R. Held y A. Hein, es descrito en Francisco J. Varela, «Steps to a Science of Inter-being», en Gay Watson, Stephen Batchelor y Guy Claxton (eds.), *The Psychology of Awakening*, Londres: Rider, 1999, y en Francisco J. Varela, Evan Thompson y Eleanor Rosch, *The Embodied Mind*, Cambridge (Mass.): The MIT Press, 1991 (*De cuerpo presente*, Barcelona: Gedisa, 1992); Fritjof Capra, *The Web of Life*. London: HarperCollins, 1996 (*La trama de la vida*, Barcelona: Anagrama, 1998).

41

Francisco Varela, «Neurophenomenology», *Journal of Consciousness Studies*, 3:4, 1996; Francisco Varela (ed.), *Sleeping, Dreaming, and Dying*, Boston: Wisdom, 1997; Daniel Stern, *Diary of a Baby*, Nueva York: Basic Books, 1992; Daniel Stern, *The Present Moment in Psychotherapy and Everyday Life*, Nueva York: Norton, 2004; B. Alan Wallace, *The Taboo of Subjectivity*, Oxford: Oxford University Press, 2000; B. Alan Wallace, *Contemplative Science: Where Buddhism and Neuroscience Converge*, Nueva York: Columbia University Press, 2007; Loy, D., 1988, *Nonduality: A Study in Comparative Philosophy*. New Haven: Yale University Press (*No-Dualidad*, Barcelona: Kairós, 1999); D.H. Lawrence, *Apocalypse and the Writings on Revelation*, Cambridge: Cambridge University Press, 1980, pág. 78.

42

Erwin Schrödinger, *What is Life? Mind and Matter*, Cambridge: Cambridge University Press, 1980; Eugene Wigner, *Symmetries and Reflections: Scientific Essays*; Cambridge (Mass.): The MIT Press, págs. 153-199; Paul Davies y John Gribbin, *The Matter Myth*, Londres: Penguin, 1992; John D. Barrow, Paul C.W. Davies y Charles L. Harper, Jr. (eds.), *Science and Ultimate Reality: Quantum Theory, Cosmology and Complexity*, Cambridge: Cambridge University Press, 2004; Humberto Maturana y Francisco Varela, *The Tree of Knowledge*. Boston: Shambhala, 1987 (*El árbol del conocimiento*, Barcelona: Debate, 1996); Humberto Maturana, *La realidad: ¿objetiva o construida?*, Barcelona: Anthropos, 1995-1996 (2 vols.); Humberto Maturana, «Everything Is Said by an Observer», en William Irwin Thompson (ed.), *Gaia: A Way of Knowing*, Hudson: The Lindisfarne Press, 1987 (*Gaia: Implicaciones de la nueva biología*, Barcelona: Kairós, 1989).

44

La supuesta cita de Einstein aparece en diversos textos (entre ellos Morris Berman, *Coming to Our Senses*, Londres: Unwin, 1990, pág. 41), pero no he podido localizar su fuente original y podría ser una de las muchas frases que se atribuyen a Einstein para revestirlas de autoridad. En cualquier caso, la cita encaja perfectamente con las inquietudes filosóficas y humanitarias del gran físico; Bertrand Rusell, «A Free Man's Worship», publicado originalmnete en *Independent Review* (diciembre de 1903), en Russell, *Mysticism and Logic*, Londres: Unwin, 1963; Steven Weinberg, *The First Three Minutes,* Londres: Fontana, 1983; Peter Sloterdijk en diálogo con H.-J. Heinrichs, *El sol y la muerte*, Madrid: Siruela, 2004, pág. 211.

45

Alfred North Whitehead, *Science and the Modern World*; Ludwig Wittgenstein, *Tractatus Logico-philosophicus*, proposición 6.371: «Toda la visión moderna del mundo se basa en la ilusión de que las llamadas leyes de la naturaleza son las explicaciones de los fenómenos de la naturaleza»; John Needham, *Science and Civilisation in China*, vol. II, Cambridge: Cambridge University Press, 1956-59, capítulo 18; Tomás de Aquino, *Summa theologica*, I, (2), q. 91 y q. 93; Descartes, *Discurso del método* y *Los principios de la filosofía*; John D. Barrow, «Is nothing sacred?», *New Scientist*, 24 de julio de 1999; Rupert Sheldrake, «The Variability of the Fundamental Constants», en *Seven Experiments that Could Change the World*, Nueva York: Riverhead, 1995 (*Siete experimentos que pueden cambiar el mundo*, Barcelona: Paidós, 1995); sobre John Archibald Wheeler véase el volumen colectivo en homenaje a sus ideas *Science and Ultimate Reality: Quantum Theory, Cosmology and Complexity*, editado por C.W. Davies y Charles L. Harper, Jr., Cambridge: Cambridge University Press, 2004.

46

Sobre la interdependencia en el budismo, el texto filosóficamente más sofisticado (y sin parangón en la filosofía occidental) es el *Mūlamadhyamakakārikā* de Nāgārjuna, del que hay dos buenas traducciones al castellano: *Versos sobre los fundamentos del camino medio*, Barcelona: Kairós, 2002, y *Fundamentos de la vía media*, Madrid: Siruela, 2004; Nietzsche escribe que «Alle Dinge sind verkettet, verfädelt, verliebt» en *Also sprach Zarathustra*, «Das Nachtwandler-Lied» (*Así habló Zaratustra*, Madrid: Alianza, 1997, pág. 435); B. Alan Wallace, *Hidden Dimensions*, Nueva York: Columbia University Press, 2007; Robert Nadeau y Menas Kafatos, *The Non-Local Universe*, Oxford: Oxford University Press, 1999; Arthur Zajonc *Catching the Light*, Nueva York: Bantam, 1993 (*Atrapando la luz*, Barcelona: Andrés Bello, 1996); Arthur Zajonc (ed.), *The New Physics and Cosmology*, Oxford: Oxford University Press, 2004; Vic Mansfield, *Tibetan Buddhism and Modern Physics*, West Conshohocken (Pennsylvania): Templeton Foundation, 2008; sobre la realización del experimento de decisión demorada, véase V. Jacques, E Wu, F. Grosshans, F. Treussart, P. Grangier, A. Aspect y J.-F.Roch, «Experimental realization of Wheeler's delayed-choice GedankenExperiment», *arXiv:quant-ph*, 28 de octubre de 2006, descargable en Internet.

47

La última línea de *La divina comedia* de Dante loa «l'Amor che move il Sole e l'altre stelle»; en el capítulo 129 del *Tirant lo Blanch* de Joanot Martorell (s. xv), Tirant explica a la princesa que la «primera causa» que «mou los cels» es «el gran poder d'amor», y que los elementos reposan en sus esferas y van a su lugar natural «per l'amor». La cita de Schrödinger, reproducida más ampliamente en el epígrafe del capítulo, procede de Heisenberg, Schrödinger, Einstein y otros, *Cuestiones Cuánticas*, Barcelona: Kairós, 1987, pág. 150.

48

Martin Buber, *Ich und Du*, Sttutgart: Reclam 1995 (*Yo y tú*, Madrid: Caparrós, 1995; *Jo i tu*, Barcelona: Claret, 1994); Thomas Berry, *The Great Work*, Nueva York: Three Rivers Press, 2000; Jorge Ferrer, Revisioning Transpersonal Theory, Albany: State University of New York Press, 2002 (*Espiritualidad creativa*, Barcelona: Kairós, 2003).

49

Max Weber, «Wissenschaft als Beruf» («La ciencia como vocación», 1919); Albert Schweitzer, *Aus meinem Leben und Denken*, Leipzig: Meiner, 1931 (*De mi vida y mi pensamiento*, Barcelona: Aymá, 1996) // *Koyaanisqatsi* (dir. Godfrey Reggio, 1982); *Powaqqatsi* (dir. Godfrey Reggio, 1988); *Baraka* (dir. Ron Fricke, 1992); *Ashes and snow* (dir. Gregory Colbert, 2007); *Home* (dir. Yann Arthus-Bertrand, 2009).

50

Eckhart Tolle, *The Power of Now*, Londres: Hodder & Stoughton, 2001 (*El poder del ahora*, Madrid: Gaia, 2001, *El poder de l'ara*, Barcelona: Viena, 2009); Eckhart Tolle, *A New Earth;* Londres: Penguin, 2005 (*Un nuevo mundo, ahora*, Barcelona: Grijalbo, 2006; *Un nou món, ara*, Barcelona: Plaza y Janés, 2006).

AGRADECIMIENTOS

Esta obra no hubiera nacido sin la colaboración, estímulo y apoyo de tres personas a las que no puedo estar suficientemente agradecido: Caterina Amengual, Álex Rovira y Sophia Style. También le debe mucho a Sergio Vila-Sanjuán y al equipo del suplemento *Cultura/s* de *La Vanguardia*, en el que se publicaron versiones anteriores de algunas de estas páginas; a Agustí Pániker, María Alasia e Isabel Asensio, por sus certeras orientaciones; a Carme Martinell, por sus atinados comentarios, y a Manuel Almendro, Glòria Granell y Joan Nogué, que me invitaron a reflexionar sobre "la crisis" en 2008.

También debe mucho a muchas otras personas con las que he compartido ideas e intuiciones, entre las que ahora recuerdo a Augustin Berque, Montse Cano, Fritjof Capra, Arturo Escobar, Blai Dalmau, Guillem Ferrer, Jorge Ferrer, Alberto Fraile, Eduardo Galeano, Susan George, Brian Goodwin, Patrick Harpur, Esther Ibáñez, Juan Insúa, Terry Irwin, Satish Kumar, Serge Latouche, Michael Lerner, David Loy, Peter Matthiessen, Humberto Maturana, Graeme McCracken, Neil Meikleham, María Novo, Raimon

Panikkar, Juanma Sánchez, Vandana Shiva, Sybilla Sorondo, David Steindl-Rast, Monty Style, Steve Talbott, Rick Tarnas, Mary Evelyn Tucker, Jesús Vicens, Laia Vidal, Rajiv Vora y Daniel Wahl. Y a media docena de lugares en los que he visto amanecer: Devon, l'Empordà, Mallorca, La Realidad, Tavertet y Tvergastein.

ÍNDICE ONOMÁSTICO